Arbeitsbuch

An Introductory German Course

Wie geht's?

Seventh Edition

Dieter Sevin

Vanderbilt University

Ingrid Sevin

THOMSON
™
HEINLE

Australia   Canada   Mexico   Singapore   Spain   United Kingdom   United States

THOMSON

HEINLE

Arbeitsbuch, Seventh Edition, Workbook/Lab Manual
Dieter Sevin, Ingrid Sevin

Senior Editor: *Sean Ketchem*
Production Editor: *Lianne Ames*
Marketing Manager: *Jill Garrett*
Manufacturing Coordinator: *Marcia Locke*

Compositor: *Progressive Publishing Alternatives*
Project Manager: *Donna King*
Photography Manager: *Sheri Blaney*
Illustrator: *Progressive Publishing Alternatives*
Cover Designer: *Diane Levy*
Text Designer: *Progressive Publishing Alternatives*
Printer: *Patterson Printing*

Cover Image: © *Hans Wolf/The Image Bank/Getty Images*

Printed in the United States of America.
1 2 3 4 5 6 7 8 9 10   06 05 04 03 02

For more information contact Heinle, 25 Thomson Place, Boston, MA 02210 USA, or you can visit our Internet site at http://www.heinle.com

For permission to use material from this text or product contact us:
Tel   1-800-730-2214
Fax   1-800-730-2215
Web   www.thomsonrights.com

ISBN: 0-03-035261-4

Contents

Preface

Introduction

The *Arbeitsbuch* to accompany *Wie geht's?,* Seventh Edition, contains additional activities for the *Gespräche + Wortschatz* and *Struktur* sections in your textbook. As you complete each section of the textbook chapters, you may then turn to the *Arbeitsbuch* for additional practice, as well as a chance to hear examples of spoken German you can interact with via the Audio CDs. Note that the dialogues at the beginning of each chapter in the *Arbeitsbuch* are the same as those in your textbook. Each of these sections has two parts: a *Zum Hören* listening section which you can complete at home or in the language lab, and a *Zum Schreiben* writing section.

Zum Hören

The *Zum Hören* listening activities are to be used in conjunction with the Lab Audio CDs. In *Gespräche + Wortschatz,* the first dialogue is repeated sentence by sentence with pauses for repetition. The second dialogue is read again, this time with the lines of one character omitted; you will take an active part in the dialogue by reading the missing lines. The pronunciation section, *Aussprache,* offers practice with individual sounds and distinguishing between similar English and German sounds. In *Struktur,* the supplemental grammar exercises progress from simple to more complex. All grammar exercises are four-phased; after the task has been set and you have given your answer, the correct response is provided, followed by a pause for repetition. The exercises follow the sequence of grammatical presentation in the main text.

Zum Schreiben

The written activities for each *Schritt* and *Kapitel,* as well as the *Rückblick* review activities, focus on vocabulary building, practice of structure, comprehension, and cultural enrichment. Some visuals are used to encourage personal expression. The answers for the written activities can be found in the separate *Audioscript and Answer Key.*

Video-aktiv

The video activities at the end of each chapter are to be used in conjunction with the video that accompanies *Wie geht's?.* Each video consists of a *Minidrama,* a brief conversation that reflects the chapter topic and vocabulary. Every other chapter or so offers an additional *Blickpunkt* segment, filmed in Berlin, that provides extra cultural background and listening comprehension through spontaneous narration.

For each part of the video, there is a brief listing of vocabulary words anticipated in the segment (*Zum Erkennen*), followed by the *Vor dem Sehen* pre-viewing and *Nach dem Sehen* post-viewing activities. All the video activities are intended to stimulate spontaneous conversation in the classroom, thereby recycling vocabulary and structures from the main text in an interactive manner. Answers to the exercises are provided in the *Audioscript and Answer Key.*

Types of Activities

In the *Arbeitsbuch* you will find a wide range of activities that will help you improve your skills in speaking, reading, writing, and listening to the German language. The *Gespräche* activities invite you to play a role in the dialogues from your textbook. Vocabulary-expansion activities help you make the most of the *Wortschatz* material, and activities tied to the cultural topics of each chapter will help you explore German culture and everyday life. Additional listening comprehension activities and self-assessment quizzes can be found on the *Wie geht's?* Web site at **http://wiegehts.heinle.com**.

Contents of the Lab Audio CDs

The location of the listening material on the CDs is marked at the beginning of each of the *Zum Hören* sections. Each chapter has four tracks: the first track contains the *Gespräche* dialogues, the second track contains the *Aussprache* pronunciation material, the third track contains the *Struktur* listening activities, and the fourth track contains the *Einblicke* reading for that chapter.

There are a total of six CDs in the Lab Audio Program. The first CD contains the audio for the Pronunciation Section at the beginning of the *Arbeitsbuch,* as well as the audio activities that accompany the *Schritte*. Each of the following CDs contains three chapters of listening material. On the face of each CD you will find a listing of the tracks that CD contains. Following is a list of the complete Lab Audio Program.

CD 1

 1–8 Aussprache
  9 Schritt eins
 10 Schritt zwei
 11 Schritt drei
 12 Schritt vier
 13 Schritt fünf

CD 2

  1 Kapitel 1: Gespräche
  2 Kapitel 1: Aussprache
  3 Kapitel 1: Struktur
  4 Kapitel 1: Einblicke

  5 Kapitel 2: Gespräche
  6 Kapitel 2: Aussprache
  7 Kapitel 2: Struktur
  8 Kapitel 2: Einblicke

  9 Kapitel 3: Gespräche
 10 Kapitel 3: Aussprache
 11 Kapitel 3: Struktur
 12 Kapitel 3: Einblicke

CD 3

  1 Kapitel 4: Gespräche
  2 Kapitel 4: Aussprache
  3 Kapitel 4: Struktur
  4 Kapitel 4: Einblicke

  5 Kapitel 5: Gespräche
  6 Kapitel 5: Aussprache
  7 Kapitel 5: Struktur
  8 Kapitel 5: Einblicke

To The Student

Learning a foreign language is more like learning to play tennis or the piano than studying history. You need to take advantage of every opportunity to practice your emerging skills. The language lab is one of the ways in which you can increase practice time; make intelligent and conscientious use of it. Working in the lab can improve your ability to understand spoken German, to pronounce German correctly, to speak more fluently, even to spell correctly. It will help you make the material your own by involving your motor memory; by using your facial muscles and your vocal cords for speaking, and your hands for writing, you increase fourfold your chances of remembering a word, an ending, or a sentence pattern.

Acquaint yourself thoroughly with the setup of your language lab: find out what services are available to you (for example, can you have practice tapes duplicated for use at home?) and what operations the lab equipment permits (can you record yourself and play your responses back?). If you have problems with the equipment, the CDs, or any aspect of the program, speak with the lab personnel or your instructor.

Using the lab frequently and for short periods produces better results than concentrating your practice in a few long sessions. Be an active user: speak, listen, repeat, and write. Letting the tape run while you think of other things is not sufficient. Know what you are saying; don't repeat mechanically.

The patterns in all the *Schritte* and all the *Kapitel* are identical: the manual will guide you through each session. Series of small dots (...... ......) let you know how many sentences there are in each exercise. Each *Kapitel* session ends with a recording of the reading text. Listen to the CD while reading along in the main text or, better yet, listen to it without looking at the text, to improve your aural skills.

The second part of each section contains the *Zum Schreiben* written activities that provide you with an opportunity to expand your vocabulary and to practice and review new grammar structures. The third section, *Video-aktiv*, is your key to the video that lets you meet real people, provides authentic cultural background of life in the German-speaking countries, and gives ample suggestions for spontaneous follow-up conversation in the classroom.

For additional practice of pronunciation, use the special CD that accompanies the pronunciation guide (*Zur Aussprache*) in the beginning of the *Arbeitsbuch*.

We wish you success in your first year of German. Using the lab audio program, the written exercises, the video activities, and the Pronunciation Guide will increase your chances for learning the language well.

Zur Aussprache
Pronunciation Guide

Pronunciation is a matter of learning not just to hear and pronounce isolated sounds or words, but to understand entire phrases and sentences, and to say them in such a way that a native speaker of German can understand you. You will need to practice this continuously as you study German.

This section summarizes and reviews the production of individual sounds. We have tried to keep it simple and nontechnical, and to provide ample practice of those German sounds that are distinctly different from American English. Often we have used symbols of pronunciation in a simplified phonetic spelling. Upon completing this section, you should hear the difference between somewhat similar English and German words (*builder* / **Bilder**), and between somewhat similar German words (**schon** / **schön**).

To develop good German pronunciation—or at least one without a heavy American accent—you will have to bear three things in mind: First, you must resist the temptation of responding to German letters with American sounds. Second, at the outset you will probably feel a bit odd when speaking German with a truly German accent; however, nothing could give you a better start in your endeavor. (Imposing a German accent on your English may be hilarious, but it is also very good practice!) Third, you will have to develop new muscular skills. Germans move their jaws and lips more vigorously and articulate more precisely than Americans. After a good practice session your face should feel the strain of making unaccustomed sounds.

We will point out those cases where English sounds are close enough to German to cause no distortion. However, we purposely avoid trying to derive German sounds from English, because such derivations often do more harm than good. Listen carefully to your instructor and the tape or CD. If you can record your own voice in the language lab, do so, and compare how you sound with the voice of the native speaker. With patience and practice, you should be able to develop new speech habits quite rapidly. You will also find that German spelling reflects pronunciation very well.

I. Word Stress

In both English and German, one syllable of a word receives more stress than others. In English, stress can even signal the difference between two words (*ob'ject* / *object'*). In native German words, the accent is on the stem of the word, which is usually the first syllable (**Hei'rat, hei'raten**) or the syllable following an unstressed prefix (**verhei'ratet**). Words borrowed from other languages are less predictable; frequently the stress falls on the last or next-to-last syllable (**Universität', Muse'um**). You will find such words marked for stress in the German-English end vocabulary.

II. Vowels

CD 1, Track 1

One of the most important differences between English and German is the fact that in English most vowels are to some degree glides—that is; while they are being pronounced there occurs a shift from one vowel sound to another (*so, say*). German vowel sounds do not glide, they do not change quality. The jaw does not shift while a German vowel is being produced (**so, See**). Three German vowels occur with two dots over them (**ä, ö, ü**). These vowels are called *umlauts*. Short and long ä sounds like short and long **e,** but **ö** and **ü** represent distinct sounds.

Certain vowels appear in combinations (**ei, ey, ai, ay; au; äu, eu**). These combinations are called *diphthongs*. While diphthongs in American English may be drawn out or drawled, the German diphthongs are short.

Pay special attention to the length of a vowel. In many words, the length of the stressed vowel is the only clue to their meaning. When spoken, **Rate!** with a long **a** [a:] means *Guess!*, whereas **Ratte** with a short **a** [a] means *rat*.

A. Short Vowels [i, e, a, u, o, ə, ʌ]

Keep these vowels really short!

1. [i] **in, immer, Zimmer, Kind, Winter, Finger, bitte, dick**

2. [e] **es, essen, Fenster, schnell, März, Länder, Sätze**

3. [a] **alt, kalt, Klasse, Tasse, Tante, Wand, wann, man**

4. [u] **um, und, Mund, Mutter, Butter, Stunde, Sekunde**

5. [o] **oft, Onkel, Sonne, Sommer, Sonntag, morgen, kommen, kosten**

6. [a] and [o] Be sure to dinstinguish clearly between these sounds.

Kamm / Komm!	*comb / Come!*	**Fall / voll**	*fall / full*
Bann / Bonn	*ban / Bonn*	**Bass / Boss**	*bass / boss*

7. [e] Don't forget that **ä** doesn't sound like [a], but like [e].

Kamm / Kämme / Semmel	*comb / combs / roll*
Schwamm / Schwämme / Schwemme	*sponge / sponges / watering place*
Fall / Fälle / Felle	*fall / falls / furs*
Mann / Männer / Messer	*man / men / knife*

8. Unstressed short **e** [ə] In unstressed syllables [a], [i], [o], and [u] retain their basic quality in German, whereas in English they become rather neutral (**Amerikaʹner** / *Amerʹican;* **Aroʹma** /*aroʹma*). The German unstressed short **e** [ə], however, becomes neutral, too.

   heute, Leute, fragen, sagen, beginnen, Gesicht, Geschenk, Geburtstag

9. Final **er** [ʌ] When **r** occurs after a vowel at the end of a syllable or word, and especially in the ending **-er,** it sounds like a weak **a** [ʌ]. It requires a good deal of attention and practice for speakers of American English not to pronounce the **r**. The German sound resembles the final vowel in the word *comma*.

   Vater, Mutter, Kinder, der, wir, vier, Uhr, Ohr, schwer, Donnerstag, wunderbar, erzählen, verstehen

10. [ə] and [ʌ] Listen carefully to the difference between these two sounds.

bitte / bitter	*please / bitter*	**zeige / Zeiger**	*I show / watch hand*
esse / Esser	*I eat / eater*	**diese / dieser**	*these / this*
leide / leider	*I suffer / unfortunately*		

B. Long Vowels [i:, a:, u:, e:, o:]

CD 1, Track 2

Be sure to stretch these vowels until they are really long.

11. [i:] Draw your lips far back.
    prima, minus, Musik, ihn, ihm, ihnen, die, wie, wieder, sieben, studieren, Papier, Biologie

12. [a:] **Haare, Saal, Jahr, Zahl, Zahn, sagen, fragen, Name, Nase**

13. [u:] Round your lips well.
    du, gut, Kuli, Juli, Minute, Bluse, Schuh, Stuhl, Uhr, Tour

14. [e:] and [o:] These two vowels need particular attention. First listen carefully for the differences between English and German.

say / **See**	*vain* / **wen**	*boat* / **Boot**
bait / **Beet**	*tone* / **Ton**	*pole* / **Pol**

15. [e:] Draw your lips back and hold the sound steady.
    See, Tee, Idee, z**eh**n, n**eh**men, g**eh**en, s**eh**en, **Zäh**ne, **Mäd**chen, **Käse, lesen, spät,**
    Universi**tät,** Quali**tät**

16. [o:] Purse your lips and don't let the sound glide off.
    Zoo, Boot, Ohr, o**h**ne, **Bohne,** wo**h**nen, **so, rot, oben, Hose, holen**

C. Contrasting Short and Long Vowels

CD 1, Track 3

As you were practicing the short and long vowels, you probably discovered that spelling
provides some clues to the length of the stressed vowel. Here are the most reliable signals.
Some apply only to the dictionary forms of words, not to the inflected forms.

The stressed vowel is *short*, . . .

- when followed by a double consonant.
  immer, essen, alle, Butter, Tennis, Lippe, Mütter
- usually when followed by two or more consonants, including **ch** and **sch**.
  Winter, Fenster, kalt, unten, Kopf, Hände, Wünsche, Gesicht, Tisch
- in many common one-syllable words before a single consonant.
  mit, es, an, um, von

The stressed vowel is *long*, . . .

- when doubled.
  Idee, Haar, Zoo
- **i** and **u** cannot be doubled, but **i** followed by **e** is always long.
- **die, sie, wie, viel, vier, Fantasie**
- when followed by **h, h** is silent; after a vowel it is strictly a spelling device to signal length.
  ihn, ihm, sehen, nehmen, Zahn, Zahl, Uhr, Schuh
- usually, when followed by a single consonant.
  Kino, lesen, Tafel, Bluse, Väter, Türen, hören

17. [i] and [i:]
    innen / ihnen   *inside / to them*   **still / Stil**   *quiet / style*
    im / ihm   *in / him*

18. [e] and [e:]
    denn / den   *for / the*   **Wellen / Wählen**   *waves / to choose*
    Betten / beten   *beds / to pray*

19. [a] and [a:]
    Stadt / Staat   *city / state*   **nasse / Nase**   *wet / nose*
    Kamm / kam   *comb / came*

20. [u] and [u:]
    muss / Mus   *must / mush*   **Sucht / sucht**   *mania / looks for*
    Busse / Buße   *busses / repentance*

21. [o] and [o:]
    offen / Ofen   *open / oven*   **Motte / Mode**   *moth / fashion*
    Wonne / wohne   *delight / I live*

D. Umlauts

CD 1, Track 4

There are also a long and short **ü** and **ö**.

22. [i:] and [ü:] To make the [ü:], say [i:], keep your tongue and jaw in this position, and round
    your lips firmly.

diene / Düne   *I serve / dune*   liegen / lügen   *to lie / to (tell a) lie*
Biene / Bühne   *bee / stage*   diese / Düse   *these / nozzle*

23. [ü:] Note that the German letter **y** is pronounced like **ü**.
    über, übrigens, müde, Füße, kühl, Frühling, grün, natürlich, Typ, typisch

24. [u:] and [ü] Observe the change in tongue position as you shift from one sound to the other.
    Fuß / Füße   *foot / feet*   Kuh / Kühe   *cow / cows*
    Stuhl / Stühle   *chair / chairs*   Hut / Hüte   *hat / hats*

25. [u] and [ü] To make the [ü], begin by saying [i], then round your lips.
    Kissen / küssen   *pillow / to kiss*   Kiste / Küste   *box / coast*
    missen / müssen   *to miss / must*   sticke / Stücke   *embroider / pieces*

26. [ü] dünn, fünf, hübsch, Glück, zurück, Flüsse, München, Nymphe

27. [u] and [ü] Be aware of the movements of your tongue as you shift from one sound to the other.
    Busch / Büsche   *bush / bushes*   Kuss / Küsse   *kiss / kisses*
    Fluss / Flüsse   *river / rivers*   Kunst / Künste   *art / arts*

28. [ü:] and [ü]
    Hüte / Hütte   *hats / hut*   fühle / fülle   *I feel / I fill*
    Wüste / wüsste   *desert / would know*   Düne / dünne   *dune / thin*

29. [e:] and [ö:] To make the [ö:], begin by saying [e:]. Keep your tongue in this position, then round your lips firmly for [ö:].
    Hefe / Höfe   *yeast / courts*   Sehne / Söhne   *tendon / sons*
    lesen / lösen   *to read / to solve*   Besen / bösen   *broom / bad*

30. [o:] schön, Möbel, hören, möglich, Brötchen, französisch, Österreich

31. [o:] and [ö:] Observe the tongue position as you shift from one sound to the other.
    Ofen / Öfen   *oven / ovens*   Sohn / Söhne   *son / sons*
    Ton / Töne   *tone / tones*   Hof / Höfe   *court / courts*

32. [e] and [ö] Begin by saying [e], then round your lips.
    kennen / können   *to know / can*   fällig / völlig   *due / total*
    Helle / Hölle   *light / hell*   Zelle / Zölle   *cell / tolls*

33. [ö] öffnen, östlich, zwölf, Wörter, Töchter

34. [o] and [ö] Observe the tongue position as you shift from one sound to the other.
    Kopf / Köpfe   *head / heads*   Stock / Stöcke   *stick / sticks*
    Rock / Röcke   *skirt / skirts*   konnte / könnte   *was able to / could*

35. [ö:] and [ö]
    Höhle / Hölle   *cave / hell*   Röslein / Rösslein   *little rose / little horse*
    Schöße / schösse   *laps / I'd shoot*

36. [ü:] vs. [ö:] and [ü] vs. [ö]
    Sühne / Söhne   *repentance / sons*   Hülle / Hölle   *cover / hell*
    Güte / Goethe   *grace / Goethe*   Stücke / Stöcke   *pieces / sticks*
    blüht / blöd   *blooms / stupid*   rücke / Röcke   *move / skirts*

E. Diphthongs

CD 1, Track 5
German diphthongs are short. They are not drawled.

37. [ai] **eins, zwei, drei, mein, dein, kein, Seite, Kreide, Meyer, Mai, Bayern, Haydn**

38. [oi] **neu, neun, heute, Leute, teuer, deutsch, träumen, Häuser, toi, toi, toi!**

39. [au] **auf, Auge, Haus, Frau, grau, faul, auch, Bauch, brauchen**

40. Remember that **ie** [i:] is not a diphthong.
    Wien / Wein   *Vienna / wine*   Biene / Beine   *bee / legs*
    Lied / Leid   *song / suffering*   Lieder / leider   *songs / unfortunately*

41. Can you pronounce these words correctly without hesitation?
Schreiben, schrieb, hieß, heiß, wieder, weiter, sei, Sie, wie, wieso, weiß, Beispiel, wie viel

F. Glottal Stop

CD 1, Track 6

Both English and German use a glottal stop (+) to avoid running words together. German uses it much more frequently than English, where the last consonant of one word is often linked with the first vowel of the next (**mit + einem + Eis**, *with an ice cream*). A good way to become aware of the glottal stop is to say *Oh oh!* as if in dismay.

42. Use the glottal stop where indicated:
+Am +Abend +essen wir +in +einem Restaurant.
Wir sitzen +in +einer kleinen +Ecke.
Der +Ober bringt +uns +ein +Eis.
Wir +erzählen von der +Uni.
Hans be +obachtet +andere Leute.

III. Consonants

A. Single Letters

CD 1, Track 7

1. **f, h, k, m, n, p, t, x:** These are pronounced alike in both languages.
fünf, haben, kaufen, müde, nein, Park, Tag, extra

2. **j:** It is pronounced like the English *y*.
ja, Jahr, Januar, Juni, Juli, jung, jetzt

3. **b, d, g:** They usually sound like their English counterparts (**g** as in *garden*).
bitte, danke, gut

However, when they occur at the end of a word or syllable, or before *s* or *t*, they sound like [p], [t], [k], respectively.
[p] ob, gelb, halb, abhängig, gibst, gebt
[t] und, Mund, Bild, abends, Stadt
[k] Tag, täglich, weg, genug, liegst, liegt

[p] vs. [b]	[t] vs. [d]	[k] vs. [g]
habt / haben	Kind / Kinder	sagt / sagen
gibst / geben	Wand / Wände	fragst / fragen
siebzig / sieben	abends / Abende	Zug / Züge

4. **v:** It usually sounds like [f], but in words of foreign origin it is pronounced [v] unless it is at the end of the word.

[f] vier, von, verstehen, Vater, Volkswagen, relativ, intensiv
[v] Vokabeln, Vase, Vision, Variation, November, Revolution

5. **w:** It is pronounced [v] in German.

was, wo, wer, wie, warum, welche, womit, wunderbar

6. *s*, **ss, ß:** The pronunciation of the letter *s* depends on its position of the word. If it is front of a vowel, it is pronounced [z] as in the English *fuzz*. Otherwise it is pronounced [s] as in the English *fuss*.

[z] sehen, Sofa, Salat, Gemüse, Nase, lesen
[s] was, das, aus, Bus, Eis, Gias, Hals, als

ss and **ß** are also pronounced [s]. **ß** [Estset] is ued after long vowels (**Füße**). According to the spelling reform, however, short vowels are always followed by as **ss** (muss, lässt).

7. **z:** It is pronounced [ts] as in English *rats*.

   [ts] **z**u, **Z**oo, **Z**ahn, **Z**eit, **z**wischen, De**z**ember, Medi**z**in, du**z**en, Mär**z**, schwar**z**, Tan**z**, Toleran**z**, **z**ick**z**ack

8. **s** and **z:** Watch the contrast between these two letters.

so / **Z**oo	*so/ zoo*	**s**iegen / **Z**iegen	*to win / goats*
sauber / **Z**auber	*clean / magic*	**s**agen / **z**agen	*to stay / hesitate*

9. **l:** There is an important difference between English and German in the pronunciation of the letter **l**. When an American pronounces [l], the tongue forms a hump toward the back of the mouth, which makes the [l] sound "dark." For the German [l], the tongue is flat and touches just behind the front teeth; it is very "light" sound. Listen for the difference between American and German [l]:

   feel / vie**l**   *felt* / fä**llt**   *built* / Bi**l**d

   [l] **l**aut, **l**ernen, **l**ogisch, **L**imo, K**l**asse, ka**l**t, Fi**l**m, he**ll**, Hoet**l**, Apri**l**, wi**ll**, küh**l**

10. **r:** To avoid a noticeable American accent in German, don't use the American [r]. In German you can either use a tongue-tip trill or a uvular trill. (The uvula is the little skin flap in the back of your mouth that vibrates when you gargle.) Listen for the difference between American and German [r]:

    rest / **R**est   *fry* / f**r**ei   *ring* / **R**ing   *wrote* / **r**ot

    [r] **r**ot, **R**ost, **R**adio, **R**athaus, **R**eis, **R**hein, fah**r**en, hö**r**en, o**r**ange, Bü**r**o, F**r**age, K**r**eide, b**r**aun, g**r**au, g**r**ün

    Remember that **r** after a vowel at the end of a syllable or word, especially in the ending **-er**, is usually pronounced [ʌ].

    [ʌ] Bild**er**, Kind**er**, ab**er**, Zimm**er**, Körp**er**, Lehr**er**, schw**er**, Papi**er**, di**r**, ih**r**

B. Letter Combinations

CD 1, Track 8

11. **sch:** This sound [s] resembles the English *sh*, but in German the lips protrude more.

    Scheck, **Sch**ach, **Sch**iff, **Sch**ule, **Sch**okolade, **sch**reiben, **sch**wer, wa**sch**en, Ti**sch**, Fi**sch**

12. **st, sp:** At the beginning of a word or word stem, they are pronounced [št] and [šp].

    [št] **St**ock, **St**ein, **st**ill, **St**adt, **St**atistik, Früh**st**ück, ver**st**ehen
    [šp] **Sp**ort, **sp**ät, **sp**ielen, **Sp**rache, ver**sp**rechen, Ge**sp**räch

    Otherwise they sound the same as in English.

    [st] i**st**, bi**st**, O**st**en, We**st**en, Fen**st**er, Ga**st**, Po**st**, Pro**st**
    [sp] We**sp**e, Ka**sp**ar, li**sp**eln

13. **ch:** There are no English equivalents for the two German sounds [x] and [ç].

    • [x]—the "**ach**-sound"—is produced in the same place as [k]. However, for [k] the breath stops, wehreas for [x] it continues to flow through a narrow opening in the back of the throat, **ch** is pronounced [x] after a, o, u, and au.

      a**ch**, Ba**ch**, a**ch**t, Na**ch**t, ma**ch**en, la**ch**en, no**ch**, do**ch**, Wo**ch**e, su**ch**en, Ku**ch**en, Bau**ch**, au**ch**

      Be sure to distinguish clearly between [k] and [x].

A**k**t / a**ch**t	*act / eight*	Do**ck** / do**ch**	*dock / indeed*
na**ck**t / Na**ch**t	*naked / night*	bu**k** / Bu**ch**	*baked / book*

    • [ç]—the "**ich**-sound"—is produced much farther forward in the mouth. **ch** is pronounced [ç] after the vowels e, i, ä, ö, ü, the dipthongs ei (ai) and eu (äu), and the consonants l, n, and r. The diminutive suffix **-chen** is also pronounced [çen]. The ending **-ig** is always pronounced [iç]. You can learn to make this sound by whispering loudly *you* or *Hugh*.

      i**ch**, mi**ch**, ni**ch**t, schle**ch**t, spre**ch**en, lä**ch**eln, mö**ch**ten, Bü**ch**er, Zei**ch**nung, Bäu**ch**e, Mil**ch**e, Mün**ch**en, fur**ch**tbar, Mäd**ch**en, richt**ig**, ruh**ig**, brumm**ig**

Be sure not to substitute [s] for [ç].

mich / misch	*me / mix*	Männchen / Menschen	*dwarf / people*
ficht / fischt	*fights / fisher*		

Often [x] and [ç] alternate automatically in different forms of the same word.

Buch / Bächer	*book / books*	Bauch / Bäche	*belly / bellies*
Nacht / Nächte	*night / nights*		

14. **chs:** It is pronounced [ks].

   se**chs**, Wa**chs**

15. **ck:** It sounds like [k]

   di**ck**, Pickni**ck**, Ro**ck**, Ja**ck**e, pa**ck**en, Sche**ck**

16. **ph:** It sounds like [f]. In fact, according to the new spelling, many words can now be spelled or are routinely spelled with an **f**.

   Philosophie, **Ph**ysik, **ph**ysisch, **ph**otographierern/**f**otografieren, **Ph**antasie/**F**antasie

17. **th:** It sounds like [t].

   Theoma, **Th**eater, **Th**eologie, **Th**eorie, Mathematik, Biblio**th**ek

18. **tz:** It sounds like [ts].

   Sa**tz**, Pla**tz**, se**tz**en, tro**tz**, Hi**tz**e
   ALSO: Nation, Information, Portion, Variation

19. **qu:** It must be pronounced [kv].

   Quatsch, **Qu**äker, **Qu**alität, **Qu**antität, **Qu**artier, **Qu**ote

20. **ng:** It always is pronounced [nj] as in English *sing*, not [ng] as in *finger*

   la**ng**, e**ng**lisch, si**ng**en, Fi**ng**er, Hu**ng**er, Übu**ng**, Prüfu**ng**

21. **pf:** Both letters are pronounced: [pf].

   pfui, **Pf**effer, **Pf**ennig, **Pf**efferminz, **pf**lanzen, Ko**pf**, Dummko**pf**

22. **ps:** Both letters are pronounced: [ps].

   Psychologie, **Ps**ychologe, **ps**ychologisch, **Ps**ychiater, **Ps**alm, **Ps**eudonym

23. **kn, gn:** They sound just as they are spelled: [kn gn].

   Knie, **Kn**oten, **Kn**ackwurst, **Kn**irps
   Gnu, **Gn**eis, Vergnügen

Schritte

Wie geht's?

Schritt **1**

Zum Hören

Gespräche + Wortschatz

CD 1, Track 9

Guten Tag! *(Each dialogue will be read twice. The first reading will be without interruption; during the second reading, the speakers will pause to let you repeat each phrase.)*

HERR SANDERS	Guten Tag!
FRAU LEHMANN	Guten Tag!
HERR SANDERS	Ich heiße Sanders, Willi Sanders. Und Sie, wie heißen Sie?
FRAU LEHMANN	Mein Name ist Erika Lehmann.
HERR SANDERS	Freut mich.

HERR MEIER	Guten Morgen, Frau Fiedler! Wie geht es Ihnen?
FRAU FIEDLER	Danke, gut. Und Ihnen?
HERR MEIER	Danke, es geht mir auch gut.

HEIDI	Hallo, Ute! Wie geht's?
UTE	Tag, Heidi! Ach, ich bin müde.
HEIDI	Ich auch. Zu viel Stress. Bis später!
UTE	Tschüss! Mach's gut!

Mündliche Übungen *(You will hear a cue and a sentence [Willi Sanders: Ich heiße Willi Sanders]. Then you will be told to begin, and the same cue will be repeated [Willi Sanders]. Say the sentence [Ich heiße Willi Sanders], and use the following cues in the same way. Always repeat the correct response after the speaker.)*

1. Willi Sanders: **Ich heiße** Willi Sanders.

   ....

2. Frau Fiedler: **Wie geht es Ihnen**, Frau Fiedler?

   ....

3. gut: **Es geht mir** gut.

   ....

Aussprache: a, e, er, i, o, u. *(Pronunciation Guide II. 1–21. Listen carefully and repeat after the speaker. If your lab setup permits, record your responses and later compare your pronunciation with that of the native speakers.)*

A. Laute *(sounds).* Hören Sie zu und wiederholen Sie! *(Listen and repeat.)*

1. [a:] **A**bend, T**a**g, Ban**a**ne
2. [a] **A**nna, **A**lbert, w**a**s
3. [e:] **E**rika, P**e**ter, Am**e**rika
4. [e] **E**llen, H**e**rmann, **e**s
5. [ə] Ut**e**, dank**e**, heiß**e**
6. [ʌ] Diet**er** Fiedl**er**, Rain**er** Mei**er**
7. [i:] **I**hnen, Mar**i**a, Sab**i**ne
8. [i] **i**ch b**i**n, b**i**tte
9. [o:] M**o**nika, H**o**se, s**o**
10. [o] **O**skar, **o**ft, M**o**rgen
11. [u:] **U**te, G**u**drun, g**u**t
12. [u] **u**nd, w**u**nderbar, Ges**u**ndheit

B. Das Alphabet

a. Hören Sie zu und wiederholen Sie!

a, b, c, d, e, f, g, h, i, j, k, l, m, n, o, p, q, r, s, t, u, v, w, x, y, z; ß

b. Buchstabieren Sie auf Deutsch! *(Spell in German. You will hear a cue and the German spelling of a word. Then you will be told to begin, and the same cue will be repeated. Spell the word, and use the following cues in the same way. Always repeat the correct response after the speaker.)*

ja, gut, müde, heißen, Name

Zum Schreiben

Auf Deutsch bitte!

1. *Mr.* _____

2. *Mrs.* _____

3. *Thank you.* _____

4. *How are you?* _____

5. *I'm (feeling) fine.* _____

6. *I'm tired.*   _____

7. *My name is Max.*   _____

8. *What's your name?*   _____

9. *Pleased to meet you!*   _____

10. *Good-bye.*   _____

Zum Hören

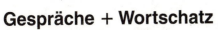

Gespräche + Wortschatz

CD 1, Track 10

Was und wie ist das? Hören Sie zu und wiederholen Sie!

PROFESSORIN	Hören Sie jetzt gut zu und antworten Sie auf Deutsch! Was ist das?
JIM MILLER	Das ist der Bleistift.
PROFESSORIN	Welche Farbe hat der Bleistift?
SUSAN SMITH	Gelb.
PROFESSORIN	Bilden Sie bitte einen Satz!
SUSAN SMITH	Der Bleistift ist gelb.
PROFESSORIN	Ist das Heft auch gelb?
DAVID JENKINS	Nein, das Heft ist nicht gelb. Das Heft ist hellblau.
PROFESSORIN	Gut!
SUSAN SMITH	Was bedeutet *hellblau?*
PROFESSORIN	*Hellblau* bedeutet *light blue* auf Englisch.
SUSAN SMITH	Und wie sagt man *dark blue?*
PROFESSORIN	*Dunkelblau.*
SUSAN SMITH	Ah, der Kuli ist dunkelblau.
PROFESSORIN	Richtig! Das ist alles für heute. Für morgen lesen Sie bitte das Gespräch noch einmal und lernen Sie auch die Wörter!

Mündliche Übungen. Was ist das?

1. der Tisch: **Das ist** der Tisch.

....

2. das Papier: **Wo ist** das Papier? **Da ist** das Papier.

....

3. die Tafel: **Ist das** die Tafel? **Nein, das ist nicht** die Tafel.

....

4. schwarz: **Das ist** schwarz.

....

Aussprache: ä, ö, ü, eu, äu, ei, ie. *(Pronunciation Guide II. 22–41)* Hören Sie zu
und wiederholen Sie!

1. [e:]   Erika, Käthe, geht
2. [e]   Wände, Hände, hängen

3. [ö:]   **Öl, hören, Österreich**
4. [ö]   **Ötker, Pöppel, Wörter**
5. [ü:]   **Tür, für, Stühle**
6. [ü]   **Jürgen Müller, Günter, müssen**
7. [oi]   **Deutsch, freut, Europa**
8. [au]   **Frau Paula Bauer, auf, auch**
9. [ai]   **Rainer, Kreide, weiß**
10. [ai]   **heißen, Heidi Meier**
 [i:]   **Sie, wie, Wiedersehen**
 [ai / i:]   **Beispiel, Heinz Fiedler**

Zum Schreiben

Auf Deutsch bitte! *(Include the proper article and plural of nouns.)*

1. *the pencil*   _____

2. *the book*   _____

3. *the color*   _____

4. *the door*   _____

5. *in German*   _____

6. *yellow*   _____

7. *I am*   _____

8. *to read*   _____

9. *to hear*   _____

10. *How does one say . . . ?*   _____

Schritt 3

Zum Hören

Gespräche + Wortschatz

CD 1, Track 11

Im Kaufhaus Hören Sie zu und wiederholen Sie!

VERKÄUFERIN   Na, wie ist die Hose?
CHRISTIAN   Zu groß und zu lang.

VERKÄUFERIN	Und der Pulli?
MAIKE	Zu teuer.
CHRISTIAN	Aber die Farben sind toll. Schade!
VERKÄUFER	Guten Tag! Was darf's sein?
SILVIA	Ich brauche ein paar Bleistifte und Papier.
	Was kosten die Bleistifte?
VERKÄUFER	Fünfundfünfzig Cent.
SILVIA	Und das Papier hier?
VERKÄUFER	Zwei Euro vierzig.
SILVIA	Gut. Ich nehme sechs Bleistifte und das Papier.
VERKÄUFER	Ist das alles?
SILVIA	Ja, danke.
VERKÄUFER	Fünf Euro siebzig!

Mündliche Übungen

1. Zählen Sie von 1 bis 25!

   1, 2, 3, 4, 5, 6, 7, 8, 9, 10, 11, 12, 13, 14, 15, 16, 17, 18, 19, 20, 21, 22, 23, 24, 25

2. Wiederholen Sie die Preise! *(Repeat the prices.)*

   € 2,30 € 3,25 € 4,75 € 8,90 € 1,10

Aussprache: l, s, st, sp, sch, f, v, z. *(Pronunciation Guide III. 1, 4, 6–9, 11–12)*

Hören Sie zu und wiederholen Sie!

1. [l]   lernen, lesen, Pullover
2. [z]   sie sind, sieben, sauber
3. [s]   Professorin, heißen, Preis
4. [st]   Fenster, kosten, ist
5. [št]   Stefan, Stuhl, Stein
6. [šp]   Sport, Beispiel, Gespräch
7. [š]   schnell, schlecht, schwarz
8. [f]   fünf, fünfzehn, fünfzig
9. [f]   vier, vierzehn, vierzig
10. [ts] Zimmer, Zahl, zählen
    [z / ts] sieben, siebzig, siebenundsiebzig

Zum Schreiben

Auf Deutsch bitte!

1. *the sweater* _____

2. *the shirt* _____

3. *the blouse* _____

4. *the coat* _____

5. *to need* _____

6. *to take* _____

7. *big*   _____

8. *slowly*   _____

9. *short*   _____

10. *How much is that?*   _____

Schritt 4

Zum Hören

Gespräche + Wortschatz

CD 1, Track 12

Das Wetter im April. Hören Sie zu und wiederholen Sie!

NORBERT	Es ist schön heute, nicht wahr?
JULIA	Ja, wirklich. Die Sonne scheint wieder!
RUDI	Nur der Wind ist kühl.
JULIA	Ach, das macht nichts.
NORBERT	Ich finde es toll.
HANNES	Mensch, so ein Sauwetter! Es schneit schon wieder.
MARTIN	Na und?
HANNES	In Mallorca ist es schön warm.
MARTIN	Wir sind aber hier und nicht in Mallorca.
HANNES	Schade!
DOROTHEA	Das Wetter ist furchtbar, nicht wahr?
MATTHIAS	Das finde ich auch. Es regnet und regnet!
SONJA	Und es ist wieder so kalt. Nur 7 Grad!
MATTHIAS	Ja, typisch April.

Mündliche Übungen

A. Wie heißen die Jahreszeiten, Monate und Tage. Hören Sie zu und wiederholen Sie!

1. Die Jahreszeiten heißen . . .
2. Die Monate heißen . . .
3. Die Tage heißen . . .

B. Mustersätze. Bilden Sie Sätze!

1. schön: **Es ist heute** schön.

    . . . .

2. toll: **Ich finde es** toll.

    . . . .

3. Juli: **Ich bin im** Juli **geboren**.

    . . . .

Aussprache: r; p, t, k; final b, d, g; j, h. *(Pronunciation Guide III. 1–3, 10, 17)*

1. [r] **r**ichtig, **r**egnet, **r**ot
2. [ʌ] wi**r**, vie**r**, nu**r**
   BUT: [ʌ \ / r] Tü**r** / Tü**r**en; Papie**r** / Papie**r**e; Jah**r** / Jah**r**e
3. [p] **P**ulli, **P**lural, **p**lus
   AND: [p] Her**b**st, Jako**b**, gel**b**
   BUT: [p / b] gel**b** / gel**b**e
4. [t] **Th**eo, **T**ür, Doro**th**ea
   AND [t] un**d**, tausen**d**, Bil**d**
   BUT: [t / d] Bil**d** / Bil**d**er
5. [k] **k**ühl, **k**urz, **K**uli, dan**k**e
   AND: [k] sa**g**t, fra**g**t, Ta**g**
   BUT: [k / g] sa**g**t / sa**g**en; fra**g**t / fra**g**en; Ta**g** / Ta**g**e
6. [j] **j**a, **J**ahr, **J**anuar
7. [h] **h**ören, **h**eiß, **h**at
8. [:] **z**ählen, ne**h**men, I**h**nen

Zum Schreiben

Auf Deutsch bitte!

1. *the day* _____

2. *the month* _____

3. *the weather* _____

4. *the week* _____

5. *the year* _____

6. *It's beautiful.* _____

7. *isn't it?* _____

8. *It's raining.* _____

9. *really* _____

10. *I think so, too.* _____

© Heinle

Schritt **5**

Zum Hören

Gespräche + Wortschatz

CD 1, Track 13

Wie spät ist es? Hören Sie zu und wiederholen Sie!

RITA	Hallo, Axel! Wie spät ist es?
AXEL	Hallo, Rita! Es ist zehn vor acht.
RITA	Oje, in zehn Minuten habe ich Philosophie.
AXEL	Dann mach's gut, tschüss!
RITA	Ja, tschüss!
PHILLIP	Hallo, Steffi! Wie viel Uhr ist es denn?
STEFFI	Tag, Phillip! Es ist halb zwölf.
PHILLIP	Gehen wir jetzt essen?
STEFFI	O.K., die Vorlesung beginnt erst um Viertel nach eins.
HERR RICHTER	Wann sind Sie denn heute fertig?
HERR HEROLD	Um zwei. Warum?
HERR RICHTER	Spielen wir heute Tennis?
HERR HEROLD	Ja, prima! Es ist jetzt halb eins. Um Viertel vor drei dann?
HERR RICHTER	Gut! Bis später!

Mündliche Übungen. Wie spät ist es? Lesen Sie!

1. 1.00: **Es ist** ein **Uhr.**
   3.00 / 5.00
2. 1.05: **Es ist** fünf **nach** eins.
   3.05 / 9.10
3. 1.15: **Es ist Viertel nach** eins.
   2.15 / 6.15
4. 1.30: **Es ist halb** zwei.
   4.30 / 6.30
5. 1.40: **Es ist** zwanzig **vor** zwei.
   5.40 / 1.50
6. 1.45: **Es ist Viertel vor** zwei.
   3.45 / 9.45
7. 9.00: **Die Vorlesung ist um** neun.
   12.15 / 1.30

Aussprache: ch, ig, ck, ng, gn, kn, kv, pf, ps, w, v. *(Pronunciation Guide III. 5, 13–15, 19, 20–23)*

1. [k]   **Ch**ristine, **Ch**ristian, **Ch**aos
2. [x]   a**ch**t, au**ch**, brau**ch**en
3. [ç]   i**ch**, ni**ch**t, wirkli**ch**
4. [iç]   richt**ig**, wind**ig**, bill**ig**
5. [ks]   se**chs**, se**chs**undse**chs**ig
6. [k]   Ja**ck**e, Ro**ck**, Pi**ck**nick
7. [ŋ]   E**ng**lisch, Frühli**ng**, la**ng**
8. [gn]   re**gn**et, resi**gn**ieren, Si**gn**al

9. [kn] **Kn**irps, **Kn**ie
10. [kv] **Qu**alität, **Qu**antität, **Qu**artett
11. [pf] A**pf**el
12. [ps] **Ps**ychologie, **Ps**ychiater, **Ps**ychoanalyse
13. [v] **W**ort, **w**ie, **w**as

Web-Ecke

- For further listening practice, visit the *Wie geht's?* Web site at **http://www.heinle.com**, where you can find five brief comprehension passages (*Guten Morgen!, Was und wie ist das?, Im Kleidungsgeschäft, Das Wetter,* and *Das ist Axels Stundenplan*) and also short dictations with sample sentences from each of the pre-units.

Zum Schreiben

Auf Deutsch bitte!

1. *the clock* _____

2. *the time* _____

3. *the lecture* _____

4. *to play tennis* _____

5. *to eat* _____

6. *finished* _____

7. *What time is it?* _____

8. *now* _____

9. *I have a question.* _____

10. *I don't have time.* _____

Daniela braucht eine Hose
und Inge spielt Verkäuferin.

Video-aktiv

Minidrama: Was darf's sein?

Vor dem Sehen *(before viewing)*

> The pre-viewing section **Vor dem Sehen** prepares you for what you are about to see. Under **Zum Erkennen**, you'll find some new vocabulary from the sketch that is intended for recognition only. Before viewing the video and doing any of the follow-up work, make a point of glancing at these words and phrases. Under **Mal sehen!** *(Let's see)* you'll be asked some questions that make you dig into your own treasure box of newly acquired German skills. After this brief introduction, close your book and watch the video. Pay close attention to the action and try to absorb the scene. Then proceed to answer the questions in the post-viewing section (**Nach dem Lesen**), which are intended for spontaneous oral practice in the classroom.

Zum Erkennen

ganz klassisch	*very classic*	gibt es nicht	*they don't have*
das passt zu allem	*that matches with*	meinetwegen	*all right, if you say so*
	everything	Ach nee!	*You don't say!*
die Größe, -n	*size*	Moment mal!	*Just a minute!*

A. Mal sehen! *(Let's see what information and German vocabulary you have at your fingertips.)*

1. Was verkaufen Kleidungsgeschäfte *(clothing stores)*? Nennen Sie *(name)* schnell fünf bis zehn Sachen *(things)*!
2. Welche Geschäfte sind hier groß? klein? billig? teuer?
3. Welche Farben lieben Sie *(do you love)*? Nennen Sie zwei bis drei Farben!
4. Welche Farben tragen Sie *(wear)* heute?

   BEISPIEL: Die Hose ist grau, die Bluse ist lila und die Schuhe sind weiß.

5. Wie sind die Sachen?

   BEISPIEL: Die Hose ist kurz, die Bluse ist lang und die Schuhe sind alt.

6. Sie gehen in ein Kleidungsgeschäft. Was sagt und fragt der Verkäufer / die Verkäuferin?—Wie antworten Sie?
7. Der Verkäufer/die Verkäuferin bringt eine Hose oder Jacke. Was sagen oder fragen Sie?
8. Sie finden nichts und gehen wieder. Was sagen Sie?
9. Haben Sie eine Uhr?
10. Wie spät ist es jetzt?

Nach dem Sehen *(after viewing)*

B. Was stimmt? *(What's correct? Fill in the letter for the correct answer.)*

1. Daniela braucht _____.
   a. Schuhe   b. ein Kleid   c. eine Hose
2. Daniela liebt _____.
   a. Schwarz   b. Rosa   c. Blau

3. Sie braucht Größe _____.
   a. 38   b. 34   c. 36
4. Daniela probiert (*tries on*) _____ Hosen.
   a. drei   b. zwei   c. fünf
5. Die Hosen sind _____.
   a. zu kurz oder zu lang   b. zu groß oder zu klein   c. zu dick oder zu dünn

C. Fragen und Antworten (*questions and answers*)

1. Wie spät ist es im Video?
2. Wie ist das Wetter?
3. Wie alt sind Daniela und Inge? Was denken Sie (*do you think*)?
4. Wer braucht was?
5. Welche Farben haben die Hosen im Angebot (*on sale*)?
6. Wer spielt Verkäuferin?
7. Welche Farbe findet Inge ganz klassisch? sehr schick?
8. Welche Farbe findet Daniela elegant?
9. Was kostet das Jeanshemd? Ist das billig oder teuer?
10. Was kauft Daniela? Was sagt sie?

D. Wenn du mich fragst, . . . Und du? (*If you ask me, . . . Complete the following sentences in your own way. Then ask your classmate.*)

1. Farben wie . . . und . . . finde ich schön.
2. . . . passt zu allem.
3. Farben wie . . . und . . . finde ich furchtbar.
4. Ich kaufe meine Kleidung oft bei (*at*) . . . Da ist alles . . .
5. Schuhe kauft man gut bei . . .
6. Bücher kaufe ich bei . . .
7. Hefte, Papier und Bleistifte kaufe ich bei . . .
8. Bücher sind nicht . . .
9. Am Wochenende (*on the weekend*), am . . . und am . . . , sind oft Garage Sales.
10. Garage Sales haben oft auch . . . Ich finde Garage Sales . . .

Name _____ Datum _____ Kurs _____

Rückblick: Schritte

The Rückblick exercises are intended for your own review before exams. Answers to all exercises in these sections are provided in the back of this Workbook.

A. Was sagen Sie? *(For each of the statements or questions below, circle the letter preceding the most appropriate response.)*

1. Guten Morgen!
   a. Gute Nacht!   b. Guten Abend!   c. Guten Tag!
2. Wie geht es Ihnen?
   a. Freut mich.   b. Sehr gut, danke!   c. Ich finde es schön.
3. Ich heiße Schulz. Und Sie?
   a. Es geht mir auch gut.   b. Ich habe keine Zeit.   c. Mein Name ist Fitzke.
4. Was bedeutet das?
   a. Wie bitte?   b. Ich weiß nicht.   c. Schade!
5. Das Wetter ist heute furchtbar, nicht wahr?
   a. Ja, die Sonne scheint.   b. Sprechen Sie nicht so schnell!   c. Ja, es regnet und regnet.
6. Tschüss!
   a. Bis später!   b. Ich auch.   c. Prima!

B. Auf Deutsch bitte!

1. *Good morning. Please open the book to page 10.*

   _____

2. *Do you understand that?*

   _____

3. *Yes, but please read slowly.*

   _____

4. *What's the weather like?*

   _____

5. *It's raining, isn't it?*

   _____

6. *No, the sun is shining.*

   _____

7. *Really? I think that's wonderful.*

   _____

8. *What time is it?*

   _____

9. *It's a quarter to twelve.*

   _____

10. *Thank you. — You're welcome.*

_____

11. *When do you eat?*

_____

12. *At half past twelve. Good-bye!*

_____

_____

C. Was passt? *(What fits? Match each classroom expression on the left with the English equivalent on the right. Although not all of these are active vocabulary, you should be able to understand them.)*

____ 1. Alle zusammen!   a. *Make a sentence.*
____ 2. Antworten Sie bitte!   b. *Listen well.*
____ 3. Auf Deutsch bitte!   c. *Please learn that.*
____ 4. Bilden Sie einen Satz!   d. *Again, please.*
____ 5. Gehen Sie an die Tafel bitte!   e. *I don't understand that.*
____ 6. Hören Sie gut zu!   f. *Please repeat.*
____ 7. Ich habe eine Frage.   g. *In German, please.*
____ 8. Ich verstehe das nicht.   h. *Speak louder.*
____ 9. Ich weiß nicht.   i. *All together.*
____ 10. Lernen Sie das bitte!   j. *Please write.*
____ 11. Lesen Sie laut!   k. *I have a question.*
____ 12. Noch einmal bitte!   l. *Please answer.*
____ 13. Passen Sie auf!   m. *What did you say, please?*
____ 14. Schreiben Sie bitte!   n. *Please go to the board.*
____ 15. Sprechen Sie lauter!   o. *I don't know.*
____ 16. Sprechen Sie langsam!   p. *Pay attention.*
____ 17. Wie bitte?   q. *Read aloud.*
____ 18. Wiederholen Sie bitte!   r. *Speak slowly.*

Kapitel ①

Familie, Länder, Sprachen

Zum Hören

Gespräche + Wortschatz

CD 2, Track 1

A. Am Goethe-Institut. *(You will hear the following dialogue played twice. During the second listening, repeat each phrase in the pause provided.)*

SHARON	Roberto, woher kommst du?
ROBERTO	Ich bin aus Rom. Und du?
SHARON	Ich komme aus Sacramento, aber jetzt wohnt meine Familie in Seattle.
ROBERTO	Hast du Geschwister?
SHARON	Ja, ich habe zwei Schwestern und zwei Brüder. Und du?
ROBERTO	Ich habe nur eine Schwester. Sie wohnt in Montreal, in Kanada.
SHARON	Wirklich? So ein Zufall! Mein Onkel wohnt auch da.

B. Später. *(Listen to the following dialogue once, then read Sharon's lines aloud during the pauses provided.)*

ROBERTO	Sharon, wann ist die Prüfung?
SHARON	In zehn Minuten. Du, wie heißen ein paar Flüsse in Deutschland?
ROBERTO	Im Norden ist die Elbe, im Osten die Oder, im Süden . . .
SHARON	. . . die Donau?
ROBERTO	Richtig! Und im Westen der Rhein. Wo liegt Düsseldorf?
SHARON	Düsseldorf? Hm. Wo ist eine Landkarte?
ROBERTO	Oh, hier. Im Westen von Deutschland, nördlich von Bonn, am Rhein.
SHARON	Ach ja, richtig! Na, viel Glück!

C. Richtig oder falsch? *(You will hear five statements about the dialogues. For each statement, circle whether it is true* **[richtig]** *or false* **[falsch]**.*)*

1. richtig   falsch
2. richtig   falsch
3. richtig   falsch
4. richtig   falsch
5. richtig   falsch

CD 2, Track 2

Aussprache: i, a, u *(Pronunciation Guide II, 1, 3–4, 11–13, 17, 19–20)*

A. Laute *(Sounds).* Hören Sie zu und wiederholen Sie!

1. [i:] **Ih**nen, l**ie**gen, w**ie**der, W**ie**n, Berl**i**n
2. [i] **i**ch b**i**n, b**i**tte, K**i**nd, Geschw**i**ster, r**i**chtig
3. [a:] Fr**a**ge, Spr**a**che, Amerik**a**ner, Sp**a**nier, V**a**ter
4. [a] St**a**dt, L**a**ndkarte, K**a**nada, S**a**tz, T**a**nte
5. [u:] g**u**t, Br**u**der, K**u**li, Min**u**te, d**u**
6. [u] St**u**nde, J**u**nge, M**u**tter, Fl**u**ss, schm**u**tzig, k**u**rz

B. Wortpaare. *(Repeat the pairs of words in the pauses provided. When the pairs are repeated, circle the word that you hear.)*

1. still / Stil	3. Kamm / komm	5. Rum / Ruhm
2. Stadt / Staat	4. Schiff / schief	6. Ratte / rate

Struktur

CD 2, Track 3

1.1 Present Tense of Regular Verbs

A. Im Klassenzimmer. Ersetzen Sie das Subjekt!

1. Ich lerne Deutsch. (wir)
   Wir lernen Deutsch.
   ....

2. Sie antworten jetzt. (er)
   Er antwortet jetzt.
   ....

3. Wir öffnen das Buch. (du)
   Du öffnest das Buch.
   ....

B. Die anderen auch *(the others, too)*. Ersetzen Sie das Subjekt!

Ich komme aus Amerika. (Paul)
Paul kommt auch aus Amerika.
....

1.2 Nominative Case

C. Geographie. Bilden Sie Sätze!

1. Hamburg / Stadt   2. der Rhein / Land
   Hamburg ist eine Stadt.   Der Rhein ist kein Land.
   ....

D. *Wer* oder *was?*

Das ist der Vater. — Wer ist das?
Das ist ein See. — Was ist das?
....

1.3 Sentence Structure

E. Winter in der Schweiz. Sagen Sie es anders!

Es ist kalt im Winter. (im Winter)
Im Winter ist es kalt.
....

Einblicke

CD 2, Track 4

Deutschland und die Nachbarn

Web-Ecke

- For further listening and comprehension practice, visit the ***Wie geht's?*** Web site at **http://www.heinle.com**, where while looking at a picture, you can find a brief passage about the two Frankfurts: one on the Main river and the other on the Oder river *(Frankfurt)*. There is also a short dictation with sample sentences from the reading text of Chapter 1.

Zum Schreiben

A. Erweitern Sie Ihren Wortschatz! *(Increase your vocabulary. Form a compound from each pair of nouns; write it with the definite article to show its gender, and give its meaning in English.)*

> In German, two or three simple words are frequently combined to create a new one. The last component of that compound noun determines the gender and the form.

BEISPIEL: das Land + die Karte = **die Landkarte**, *map*

1. der Sommer + das Wetter: _____

2. die Mutter + die Sprache: _____

3. der Berg + der See: _____

4. die Bilder + das Buch: _____

5. die Kinder + die Kleidung: _____

6. die Stadt + der Teil: _____

7. der Winter + der Mantel: _____

8. der Nachbar + das Kind: _____

9. die Stadt + der Mensch: _____

10. der Vater + die Stadt: _____

B. Viele Länder, viele Sprachen. *(Study the chart and complete the statements below.)*

	INDOGERMANISCHE SPRACHEN			SONSTIGE (OTHER) SPRACHEN
Romanische Sprachen	**Germanische Sprachen**	**Slavische Sprachen**	**Andere Indogermanische Sprachen**	
Französisch Italienisch Spanisch Portugiesisch Rumänisch	Englisch Deutsch Niederländisch Schwedisch Norwegisch Dänisch Isländisch Afrikaans	Russisch Polnisch Tschechisch Slowakisch Serbokroatisch Bulgarisch	Griechisch Albanisch Irisch usw.	Ungarisch Finnisch Türkisch Japanisch Arabisch Hebräisch Chinesisch Swahili usw.

1. Deutsch, Dänisch und _____ sind germanische Sprachen.
   a. Rumänisch   b. Englisch   c. Ungarisch
2. Auch _____ in Südafrika ist eine germanische Sprache.
   a. Swahili   b. Serbokroatisch   c. Afrikaans
3. Die Italiener, Spanier und _____ sprechen eine romanische Sprache.
   a. Portugiesen   b. Finnen   c. Grönländer
4. Tschechisch, Slovakisch und _____ sind slavische Sprachen.
   a. Bulgarisch   b. Arabisch   c. Rumänisch
5. Französisch, Deutsch und Russisch sind alles _____ Sprachen.
   a. germanische   b. indogermanische   c. sonstige
6. Sprachen wie Finnisch, Japanisch und _____ sind keine indogermanischen Sprachen.
   a. Türkisch   b. Albanisch   c. Griechisch

C. Was liegt wo? *(The capital letters on the map on the next page represent different countries; small letters represent rivers; numbers stand for cities. Create a key to the map by filling in the names in the spaces below. You may wish to check the map found in your textbook.)*

LÄNDER	FLÜSSE	STÄDTE
A. _____	a. _____	1. _____
B. _____	b. _____	2. _____
C. _____	c. _____	3. _____
D. _____	d. _____	4. _____
E. _____	e. _____	5. _____
F. _____	f. _____	6. _____
G. _____		7. _____
H. _____		8. _____
I. _____		9. _____
J. _____		10. _____

K. _____

L. _____

11. _____

12. _____

13. _____

14. _____

15. _____

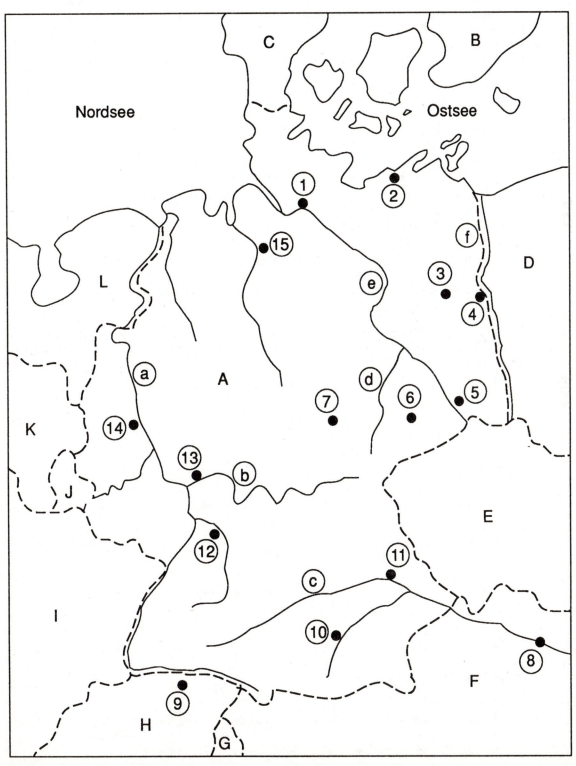

Nordsee

Ostsee

© Heinle

D. Udos Tag. Was fehlt? *(Find each missing word or phrase in the list on the left and write it in the blank.)*

„Guten Tag, Udo! Wie geht's?"

auf

aus

Deutsch

geht

habe

Hauptstadt

in fünf Minuten

liegt

Österreicher

Südosten

„Ach, es _____ mir schlecht. Um elf Uhr _____
             (1)   (2)

ich eine Prüfung. Der Professor ist _____ Österreich. Er ist
                                                               (3)

_____. Wir sprechen nur _____. Er fragt alles
          (4)   (5)

_____ Deutsch. Salzburg ist die _____ von
          (6)   (7)

Österreich, oder?"

„Nein, Wien."

„Österreich _____ südlich von Deutschland, richtig?"
                          (8)

„Ja, im _____."
                  (9)

„Du, _____ beginnt die Prüfung. Auf Wiedersehen!"
              (10)

E. Liechtenstein. Bilden Sie ganze Sätze! *(Form complete sentences. Provide appropriate articles and verb endings, and use the correct word order.)*

1. Liechtenstein / liegen / westlich / Österreich / und / südlich / Deutschland

_____

2. da / ungefähr / 24.000 Menschen / wohnen

_____

3. es / haben / eine Stadt / nur

_____

4. Stadt / heißen / Vaduz

_____

5. Liechtensteiner *(pl.)* / sprechen / Deutsch

_____

F. Was sagen Sie? *(Circle the correct responses.)*

1. Jetzt regnet es schon wieder!
   a. Wie ist das Wetter?   b. Es ist wirklich furchtbar.   c. Das finde ich auch.
2. Heute ist es aber heiß!
   a. Schön, nicht wahr?   b. Ja, es schneit schon wieder.   c. Ich auch.

© *Heinle*

3. Woher sind Sie?
   a. Ich bin müde.   b. Ich habe zwei Geschwister.   c. Ich komme aus Frankreich.
4. Ich studiere hier.
   a. Ach, du bist auch Student?   b. Ich bin aus Amerika.   c. Ich bin auch Professor.
5. Wie alt bist du?
   a. Ich bin im Mai geboren.   b. Mein Bruder ist 21.   c. Ich bin 23.
6. Wie findest due es hier?
   a. Ich weiß nicht wo.   b. Meine Eltern wohnen in Frankfurt.   c. Natürlich prima!

G. Aufsatz: Meine Familie und ich. *(Write a continuous paragraph of six to eight sentences about yourself, using the questions below as guidelines.)*

Wie alt sind Sie? Woher kommen Sie? Wo wohnt Ihre Familie und wie groß ist sie? Was studieren Sie? Wie finden Sie es hier in . . . ?

Therese und Lisa spielen mit Handpuppen.

Video-aktiv

Minidrama: Ganz International

Vor dem Sehen

Zum Erkennen

im selben Kurs	*in the same course*	Ja genau!	*Yes, exactly!*
na dann	*well then*	Das tut mir Leid.	*I'm sorry.*
Warte mal!	*Hey, wait!*	das Vorlesungsverzeichnis, -se	*course catalog*
Schau!	*Look!*		

A. Mal sehen!

1. Der Stundenplan. Was haben Sie wann?
2. Sind die Kurse im *(in the)* Vorlesungsverzeichnis?
3. Von wann bis wann ist die Deutschstunde?
4. Wie heißt Ihr(e) Deutschprofessor(in)? . . . professor(in)?
5. Wie heißt das Deutschbuch?
6. Welche Farben hat das Deutschbuch?
7. Wie viele Bücher haben Sie heute dabei *(with you)*?
8. Haben Sie auch Papier, Hefte, Bleistifte und Kulis dabei?
9. Wie tragen Sie *(do you carry)* Ihre Bücher: in der Hand *(in your hand)*, in einer Tasche *(in a bag)* oder im Rücksack *(backpack)*?
10. Sind die Bücher neu oder alt? dick oder dünn? billig oder teuer?

Nach dem Sehen

B. Was stimmt?

1. Daniela hat _____ in der Hand *(in her hand)*.
   a. eine Landkarte   b. ein Vorlesungsverzeichnis   c. ein Adressbuch
2. Sie weiß nicht, _____ die Vorlesung ist.
   a. wo   b. wann   c. wie viel

3. Jean Paul _____.
   a. weiß nichts   b. weiß das   c. weiß alles
4. Jean Paul ist _____.
   a. Spanier   b. Däne   c. Türke
5. Jean Pauls Haare *(hair)* sind _____.
   a. blond   b. rot   c. schwarz
6. Jean Pauls Vater kommt aus _____.
   a. Katalonien   b. Andalusien   c. Mauretanien
7. Jean Pauls Großmutter ist _____.
   a. Spanierin   b. Deutsche   c. Französin
8. Die Vorlesung beginnt in _____ Minuten.
   a. 15   b. 30   c. 40
9. Daniela und Jean Paul haben noch etwas Zeit. Sie finden das _____.
   a. schade   b. prima   c. furchtbar
10. Sie _____ ein bisschen *(a little)*.
   a. lesen   b. essen   c. sprechen

C. Fragen und Antworten

1. Was sind Daniela und Jean Paul?
2. Sie sind im selben Kurs. Was für ein Kurs ist das?
3. Wie oft und wann ist die Vorlesung?
4. Woher kommt Jean Paul?
5. Was ist seine *(his)* Mutter?
6. Was sprechen Daniela und Jean Paul?
7. Was trinkt Daniela?
8. Jean Paul hat ein Bild von seiner *(of his)* Mutter. Das Bild fällt runter *(falls down)* und was kommt auf das Bild?
9. Was sagt Daniela?
10. Ist Jean Paul böse *(mad)*? Was sagt er?

D. Wenn du mich fragst, . . . Und du? *(If you ask me, . . . Complete the following sentences in your own way. Then ask your classmate.)*

1. Ich bin auch . . .
2. Ich studiere . . .
3. Ich bin . . . Jahre alt und komme aus . . .
4. Ich wohne schon . . . hier.
5. Ich bin aber in . . . geboren.
6. Zu Hause *(at home)* sprechen wir . . .
7. Mein Vater ist . . . und meine Mutter ist . . .
8. Ich habe . . . Geschwister. Mein(e) . . . ist . . . Jahre alt und wohnt in . . .
9. Ich habe . . . Großeltern. Sie wohnen in . . . und sprechen . . .
10. Ich finde Sprachen . . .

Blickpunkt: Am Goethe Institut

Vor dem Sehen

Zum Erkennen

die Uni, -s	*(coll.) university*	die Lehrerin, -nen	*teacher (f.)*
(erst) seit	*(only) since*	die Gastfamilie, -n	*guest family*
es macht mir Spaß	*it's fun*	Ach so.	*I see.*
mir gefällt	*I like*	Hättest du Lust?	*Do you feel like it?*
nett	*nice*	Ja gern.	*I'd love to.*
fließend sprechen	*to speak fluently*		

© Heinle

E. Mal sehen!

1. Wie lange sind Sie schon hier in . . . ?
2. Wie finden Sie es hier in . . . ?
3. Wie heißt Ihre Uni(versität) / ihr College?
4. Wie finden Sie die Uni?
5. Sind die Studenten nett?
6. Seit *(since)* wann lernen Sie Deutsch?
7. Sind Ihre Eltern oder Großeltern Deutsche, Österreicher oder Schweizer?
8. Der Professor oder der Lehrer fragt etwas, aber Sie verstehen das nicht. Was sagen Sie?
9. Die Professorin oder die Lehrerin spricht *(speaks)* sehr schnell. Was sagen Sie?
10. Jetzt spricht sie langsam. Was sagen Sie?

Nach dem Sehen

F. Ein paar Details *(Do you remember some of the details about the following students at the Goethe Institute?)*

	Wie alt?	Woher?	Familie?	Wie lange da?	Warum in Berlin?
THERESE					
OGI					
FILIPPA					
JENNIFER					

G. Richtig oder falsch? *(Mark the following questions about the video with **R** or **F**. If wrong, please give the correct answer as well.)*

_____ 1. Das Goethe Institut ist in Berlin.
_____ 2. Die Studenten kommen alle aus Europa.
_____ 3. Die Studenten im Video sind ungefähr 18 bis 22 Jahre alt.
_____ 4. Sie sind in Klassen, aber arbeiten auch am Computer.
_____ 5. Die Klassen sind nicht sehr groß.
_____ 6. Manchmal *(sometimes)* gehen die Studenten zusammen ins Geschäft oder ins Café.
_____ 7. Therese hat eine Gastfamilie, Familie Müller.
_____ 8. Familie Müller kommt aus Hamburg.
_____ 9. Sie sind schon fünf Jahre in Berlin.
_____ 10. Heute kauft Therese Schokoladenkuchen für *(chocolate cake for)* die Familie.
_____ 11. Der Kuchen kostet zehn Euro.
_____ 12. Die Mutter serviert Kuchen und Tee.
_____ 13. Die Gastfamilie hat eine Tochter. Sie heißt Lisa.
_____ 14. Lisa ist neun Jahre alt.
_____ 15. Therese und sie spielen mit Handpuppen *(with puppets)*.
_____ 16. Die Handpuppen sprechen wirklich gut Englisch.

H. Wenn du mich fragst, . . . Und du?

1. Ich finde das Video . . .
2. Ich verstehe . . .
3. Thereses Klasse hat ungefähr . . . Studenten. Meine Klasse hier hat ungefähr *(approximately)* . . . Studenten.
4. Viele Studenten im Video haben eine Jacke an. Es ist nicht sehr warm. Vielleicht *(perhaps)* ist es . . .
5. Hier ist es heute . . . Das ist hier typisch im . . .
6. Wir lesen und sprechen hier auch viel Deutsch, aber das Deutschlernen . . . macht bestimmt *(probably)* viel Spaß.
7. Da ist alles, was wir hören und sehen . . .

I. Genau gesehen *(A closer look. Let's see how observant you were. Mark all the things from the list that you saw in the video. What wasn't there? Compare your results with one of your classmates' answers.)*

Bilder	Kreide	Pullover
Bücher	Kulis	Stühle
Computer	Landkarten	Telefon
Fenster	Jacken	Tennisschuhe
Jeans	Miniröcke	Türen
Kleider	Papier	Uhrzeit

Da sind . . . , aber kein(e) . . .

J. Kulturell gesehen *(What struck you as being culturally different from your own country in this video? This can be in English.)*

Kapitel ②

Lebensmittel und Geschäfte

Zum Hören

Gespräche + Wortschatz

CD 2, Track 5

A. Im Lebensmittelgeschäft. *(You will hear the following dialogue played twice. During the second listening, repeat each phrase in the pause provided.)*

VERKÄUFER	Guten Tag! Was darf's sein?
OLIVER	Ich hätte gern etwas Obst. Haben Sie denn keine Bananen?
VERKÄUFER	Doch, da drüben.
OLIVER	Was kosten sie?
VERKÄUFER	90 Cent das Pfund.
OLIVER	Und die Orangen?
VERKÄUFER	45 Cent das Stück.
OLIVER	Gut, zwei Pfund Bananen und sechs Orangen bitte!
VERKÄUFER	Sonst noch etwas?
OLIVER	Ja, zwei Kilo Äpfel bitte!
VERKÄUFER	EUR8,10 Cent bitte! Danke! Auf Wiedersehen!

B. In der Bäckerei. *(Listen to the following dialogue once, then read Simone's lines aloud during the pauses provided.)*

VERKÄUFERIN	Guten Morgen! Was darf's sein?
SIMONE	Guten Morgen! Ein Schwarzbrot und sechs Brötchen bitte!
VERKÄUFERIN	Sonst noch etwas?
SIMONE	Ja, ich brauche etwas Kuchen. Ist der Apfelstrudel frisch?
VERKÄUFERIN	Natürlich, ganz frisch.
SIMONE	Gut, dann nehme ich vier Stück.
VERKÄUFERIN	Ist das alles?
SIMONE	Ich möchte auch ein paar Plätzchen. Was für Plätzchen haben Sie heute?
VERKÄUFERIN	Zitronenplätzchen, Schokoladenplätzchen, Butterplätzchen . . .
SIMONE	Hm . . . Ich nehme 300 Gramm Schokoladenplätzchen.
VERKÄUFERIN	Noch etwas?
SIMONE	Nein, danke. Das ist alles.
VERKÄUFERIN	Das macht dann €9,55 bitte.

C. Was ist richtig? *(You will hear four questions about the dialogues. Circle the correct answer.)*

1. a. 25 Cent das Stück
   b. € 5,60
   c. € 0,90 das Pfund
2. a. 2
   b. 6
   c. 50
3. a. 4
   b. 6
   c. 300
4. a. Apfelstrudel
   b. Weißbrot
   c. Schokoladenplätzchen

Aussprache: e, o *(Pronunciation Guide II. 2, 5, 14–16, 18, and 21)*

CD 2, Track 6

A. Laute. Hören Sie zu und wiederholen Sie!

1. [eː] **ge**hen, **ne**hmen, **Kä**se, **Ge**genteil, A**me**rika, **Tee**
2. [e] **es**, spr**e**chen, Ge**schä**ft, M**e**nsch, H**e**md
3. [oː] **oh**ne **Bo**hnen, **o**der, gr**o**ß, **O**bst, Br**o**t
4. [o] k**o**mmen, d**o**ch, **O**sten, N**o**rden, S**o**nne

B. Wortpaare. Hören Sie zu und wiederholen Sie!

1. *gate* / geht
2. *shown* / schon
3. zähle / Zelle
4. den / denn
5. Ofen / offen
6. Bonn / Bann

Was hören Sie jetzt? …… …… …… …… …… ……

Struktur

CD 2, Track 7

2.1 Present tense of *sein* and *haben*

A. Ich bin / Ich habe. Ersetzen Sie das Subjekt!

1. Er ist aus Amerika. (Peter und Ellen)
   Peter und Ellen sind aus Amerika.
   …… …… …… …… ……
2. Wir haben zwei Kinder. (Müllers)
   Müllers haben zwei Kinder.
   …… …… …… …… ……

B. Die anderen auch. Ersetzen Sie das Subjekt!

Ich habe drei Brüder. (Eva)
Eva hat auch drei Brüder.
…… …… …… …… ……

2.2 Accusative case

C. Was braucht man? Ersetzen Sie das Objekt!

1. Ich brauche eine Jacke. (Mantel)
   Ich brauche einen Mantel.
   …… …… …… …… ……
2. Wir nehmen die Butter. (Käse)
   Wir nehmen den Käse.
   …… …… …… …… ……
3. Sehen Sie das Mädchen? (Kinder)
   Sehen Sie die Kinder?
   …… …… …… …… ……

4. Das ist für meine Mutter. (Vater)
   Das ist für meinen Vater.

   ....

5. Wir gehen durch die Stadt. (Zimmer)
   Wir gehen durch das Zimmer.

   ....

D. *Wen* **oder** *was*? Bilden Sie Fragen!

Wir lernen Geographie.
Was lernen wir?

....

E. **Das stimmt nicht!** Beantworten Sie die Fragen!

Kaufen Sie das für Ihren Großvater? (Onkel)
Nein, ich kaufe das für meinen Onkel.

....

F. **Das ist kein . . . .** Verneinen Sie die Sätze!

Das ist ein Satz.
Das ist kein Satz.

....

G. *kein* **oder** *nicht*? Verneinen Sie die Sätze!

Wir haben Plätzchen.
Wir haben keine Plätzchen.

....

Einblicke

CD 2, Track 8

Geschäfte und Einkaufen

....

Web-Ecke

- For further listening and comprehension practice, visit the *Wie geht's?* Web site at **http://www.heinle.com**, where you can find a brief conversation between Wolfgang and Ursula talking about shopping plans *(Einkaufspläne)* and a short dictation with sample sentences from the reading text of Chapter 2.

Zum Schreiben

A. Erweitern Sie Ihren Wortschatz! *(For each of the English words following, give the German cognate and, in the case of nouns, the gender, plural, and appropriate personal pronoun.)*

Because German and English are both members of the Germanic branch of the Indo-European language family, they share a lot of vocabulary. You already know quite a few cognates. Some are identical in spelling; some are very similar.

BEISPIEL: *word*
                 das Wort, die Wörter / es

1. *shoe* _____

2. *brother* _____

3. *family* _____

4. *weather* _____

5. *butter* _____

6. *land* _____

7. *brown* _____

8. *green* _____

9. *to cost* _____

10. *to begin* _____

11. *to drink* _____

12. *to bring* _____

B. Im Supermarkt. Was fehlt? *(Find each missing word or phrase in the list on the left and write it in the blank.)*

den

ein

ein

ein paar

er

er

es

etwas

gern

habe

Stück

was

„Da ist _____ Supermarkt. _____ ist sehr gut.
              (1)   (2)

Das Gemüse ist nicht billig, aber _____ ist sehr frisch."
                                      (3)

„Ich _____ Hunger. _____ kaufen wir?"
       (4)   (5)

„Ich brauche _____ Wurst und Käse, _____
               (6)   (7)

Tomaten und _____ Brot."
              (8)

„Sehen Sie _____ Apfelkuchen? _____ ist wunderbar."
             (9)   (10)

„Ich esse _____ Apfelkuchen."
            (11)

„Geben Sie mir bitte drei _____ Apfelkuchen!"
                            (12)

C. Einkaufsbummel. Auf Deutsch bitte!

1. *We are going through the department store.*

_____

2. *There they have jackets and coats. They are inexpensive.*

_____

3. *What do you* (sg. fam.) *have against the coat?*

_____

4. *I don't need a coat, and I wouldn't like a jacket.*

_____

5. *I would like a cup of coffee without milk.*

_____

6. *What kind of cake would you (sg. fam.) like? — Cheesecake, of course!*

_____

D. Kreuzworträtsel *(Fill in the crossword puzzle with the words in the box below. For umlauts, write Ä, Ö, or Ü.)*

Bier	Ei	Bohne	Fleisch	Stück	Gemüse	Drogerie
Erdbeeren	Plätzchen	Käse	Tomate	Brot	Tee	Hunger

Horizontal:
1. Die . . . ist ein Geschäft. Da kauft man Shampoo, aber keine Medizin.
2. Möchten Sie ein . . . Kuchen?
3. Mittags essen die Deutschen oft . . . mit Gemüse und Kartoffeln.
4. Eine . . . ist rot.
5. Eine . . . ist lang und grün.
6. Man kauft . . . im Frühling. Ein . . . -kuchen ist prima.

Vertikal:
1. In England trinkt man viel . . .
2. Bohnen, Erbsen und Kartoffeln sind . . .
3. Kinder essen gern . . .
4. . . . ist ein Milchprodukt.
5. Studenten trinken gern . . .
6. Ich esse etwas. Ich habe . . .
7. Ich esse . . . mit Butter und Käse.
8. Morgens esse ich auch gern ein . . .

E. Wie geht's weiter? *(It's your turn to make a salad [fruit, mixed, Mediterranean, tuna, potato, etc.] and buy the ingredients at a German vegetable market. Decide which recipe you want to follow and make up your shopping list with the help of a dictionary, if needed. Your partner will be the vendor. Be prepared that one or the other item may not be available or not meet your expectations [some merchandise may be too small, too green, too old, too expensive, etc.].)*

KÄUFER(IN)	Guten Tag!
VERKÄUFER(IN)	Guten Tag! Was darf's sein?
KÄUFER(IN)	Ich hätte gern . . . bitte.
VERKÄUFER(IN)	Wir haben heute kein(e/en) . . . Aber . . . ist/sind ganz frisch.
KÄUFER(IN)	Nein, danke. Die sind zu . . . Haben Sie . . . ?
VERKÄUFER(IN)	_____

_____

_____

_____

_____

_____

_____

F. Lebensmittel und Preise *(Fill in the missing information.)*

Frische **Zwiebelmett-wurst** 100 g **-.99**

Baguette 4 Sorten 250-/300-g-Packung **1.19**

Stets frisch! **Gehacktes** Rind- u. Schweinefleisch gemischt 1 kg **4.-**

Frischwurst-Aufschnitt 6fach sortiert 100 g **-.79**

Frischkäse versch. Sorten je 200-g-Packung **-.99**

Frisches **Schweinefilet** 1 kg **11.99**

Westfälische **Salami oder Cervelatwurst** je 100 g **1.29**

Holl. **Gouda** mittelalt, 48 % F.i.Tr. 100 g **-.79**

Sauerbraten nach Haus-frauen Art 1 kg **5.59**

Leberwurst grob oder fein je 100 g **-.69**

Holl. **Boterkaas** 50 % F.i.Tr. 100 g **-.99**

Krombacher Pils Kst. = 20 x 0,5-l-Fl. + 3,- Pfand **11.99**

1. Hier gibt es Wurst, zum Beispiel _____ und _____. 2. Der Preis ist

für _____ Gramm. 3. Natürlich haben sie auch _____, zum Beispiel

Baguettes. 4. Eine Baguette _____ € 1,19. 5. Es gibt auch Käse, zum Beispiel

_____ und _____. 6. „Boterkaas" ist Butterkäse auf Deutsch.

Der Boterkaas kommt aus _____. 7. Gehacktes und Sauerbraten sind

_____. 8. Der Preis ist für _____ Kilogramm. 9. Zwanzig Flaschen

Krombacher   Bier   _____   € 11,99.   10. Das   Pfand   (deposit)   für   die

_____ Bier ist € 3,–.

G. Aufsatz: Einkaufen in Regensburg. *(Write a brief paragraph about shopping in Regensburg by answering the questions below.)*

Was für Geschäfte gibt es um die Ecke? Ist das Lebensmittelgeschäft sehr teuer? Wann ist Markt? Was verkaufen die Bauern da? Wie ist alles? Wann sind die Geschäfte offen? Wann sind sie zu?

Martin geht zum Gemüsestand. Da ist alles frisch.

Video-aktiv

Minidrama: Martin geht Einkaufen

Vor dem Sehen

Zum Erkennen

einfach zu kochen	*easy to cook*	die Zwiebel, -n	*onion*
das schaffen wir schon	*we'll manage*	die Tüte, -n	*bag*
		das geht schon	*that's OK*
Nicht berühren!	*Don't touch!*	nirgendwo	*nowhere*
Entschuldigung!	*Excuse me!*	die Mutti	*mom*

A. Mal sehen!

1. Wo kaufen Sie Ihre Lebensmittel?
2. Gehen Sie gern Lebensmittel einkaufen?
3. Was brauchen Sie immer *(always)*?
4. Essen Sie gern Spagetti? Essen Sie es oft?
5. Was braucht man, wenn man Spagetti macht?
6. Essen Sie dann auch Salat?
7. Was braucht man für Salat?
8. Was trinken Sie zu Spagetti?
9. Wie schreibt man „Spagetti", „Parmesankäse", „Salatsoße" auf Deutsch? Bitte buchstabieren Sie das!
10. Welches Gemüse oder Obst ist rot? grün? gelb? . . .

Nach dem Sehen

B. Richtig oder falsch?

____ 1. Martin und die Mutter brauchen Fleisch und Spagetti.
____ 2. Martin geht in den Supermarkt und kauft Gemüse.
____ 3. Er kauft drei Pfund Tomaten, eine Gurke und Zwiebeln.
____ 4. Er kauft auch ein paar Paprikas *(bell peppers)*.
____ 5. Der Verkäufer möchte nicht, dass *(that)* Martin das Gemüse berührt.
____ 6. Martin weiß das nicht und sagt: „Ach du liebes bisschen!"
____ 7. Der Verkäufer möchte Martin eine Plastiktüte geben.
____ 8. Martin braucht aber keine Tüte, denn er hat eine Tasche.
____ 9. Jetzt braucht Martin nur noch Spagetti, aber die Geschäfte sind schon zu.
____ 10. Er kommt eine Viertelstunde zu spät.

C. Fragen und Antworten

1. Warum gehen Martin und die Mutter nicht zusammen einkaufen?
2. Wann machen die Geschäfte zu?
3. Martin kauft Tomaten, Zwiebeln und Salat. Was gibt es da noch?
4. Gibt es da auch Obst?
5. Was kostet alles zusammen?
6. Was kosten die Papiertüten?
7. Wo kauft Martin jetzt die Spagetti?
8. Martin hat eine Einkaufstasche, die Mutter auch. Ist das typisch in Deutschland?
9. Die Geschäfte sind zu. Wohin gehen Mutter und Sohn dann?
10. Wie findet Martin die Idee?

D. Wenn du mich fragst, . . . Und du?

1. Ich esse gern . . . (Italienisch, Chinesisch usw.).
2. Gemüse oder Obst kaufe ich gern bei . . .
3. Da ist alles frisch (*fresh*) und . . .
4. Ich berühre . . . das Obst oder Gemüse im Supermarkt.
5. Das ist hier normal. Das machen hier . . .
6. Beim Einkaufen habe ich . . . Einkaufstasche, denn . . .
7. Viele Supermärkte sind hier . . . offen.
8. Sie machen . . . zu.
9. Das finde ich . . .
10. In Deutschland ist samstags oft Markttag. Da verkaufen sie zum Beispiel . . . , alles ganz frisch. Wir haben das . . .

Kapitel ③

Im Restaurant

Zum Hören

Gespräche + Wortschatz

CD 2, Track 9

A. Im Restaurant. *(You will hear the following dialogue played twice. During the second listening, repeat each phrase in the pause provided.)*

AXEL	Herr Ober, die Speisekarte bitte!
OBER	Hier bitte!
AXEL	Was empfehlen Sie heute?
OBER	Die Menüs sind alle sehr gut.
AXEL	Gabi, was nimmst du?
GABI	Ich weiß nicht. Was nimmst du?
AXEL	Ich glaube, ich nehme Menü 1: Schnitzel und Kartoffelsalat.
GABI	Und ich nehme Menü 2: Rindsrouladen mit Kartoffelklößen.
OBER	Möchten Sie etwas trinken?
GABI	Ein Glas Apfelsaft, und du?
AXEL	Mineralwasser. *(Der Ober kommt mit dem Essen.)* Guten Appetit!
GABI	Danke, gleichfalls . . . Hm, das schmeckt.
AXEL	Das Schnitzel auch.

B. Später *(Listen to the following dialogue once, then read Gabi's lines aloud during the pauses provided.)*

GABI	Wir möchten zahlen bitte!
OBER	Ja, bitte. Alles zusammen?
GABI	Ja, geben Sie mir die Rechnung bitte!
AXEL	Nein, nein, nein!
GABI	Doch, Axel! Heute bezahle ich.
OBER	Also, einmal Menü 1, einmal Menü 2, ein Apfelsaft, ein Mineralwasser, zwei Tassen Kaffee. Sonst noch etwas?
AXEL	Ja, ein Brötchen.
OBER	Das macht 30 Euro 30 bitte.
GABI	*(Sie gibt dem Ober €40,–.)* 32 Euro bitte.
OBER	Und acht Euro zurück. Vielen Dank!

C. Richtig oder falsch? *(You will hear five statements about the dialogues. For each statement, circle whether it is true [**richtig**] or false [**falsch**].)*

1. richtig   falsch
2. richtig   falsch
3. richtig   falsch
4. richtig   falsch
5. richtig   falsch

Aussprache: ü *(Pronunciation Guide II. 22–28)*

CD 2, Track 10

A. Laute. Hören Sie zu und wiederholen Sie!

1. [ü:] über, Tür, für, Frühling, Prüfung, Gemüse, südlich, grün, natürlich, müde
2. [ü] Flüsse, Würste, Stück, Jürgen Müller, München, fünf, fünfundfünfzig

B. Wortpaare. Repeat the pairs of words in the pauses provided.

1. vier / für   3. Stuhle / Stühle   5. fühle / Fülle
2. missen / müssen   4. Mutter / Mütter   6. Goethe / Güte
Was hören Sie jetzt?   ....

Kalinka КАЛИНКА
Russisches Spezialitäten-Restaurant
Freitag und Samstag Live Music
Öffnungszeiten: Di–Fr 11.30–14 & 18–22 Uhr
Sa–So 18–22.30 Uhr, Mo geschlossen
Kanonengasse 31, 8004 Zürich, Tel: 01/241 11 80

Struktur

CD 2, Track 11

3.1 Verbs with vowel changes

A. Was nehmen Sie? Ersetzen Sie das Objekt!

1. Nehmen Sie den Pudding? (ihr)
   Nehmt ihr den Pudding?
   ....
2. Wir fahren langsam. (er)
   Er fährt langsam.
   ....
3. Sie wird schnell fertig. (du)
   Du wirst schnell fertig.
   ....

3.2 Dative case

B. Touristen. Ersetzen Sie das Dativobjekt!

1. Die Stadt gefällt dem Engländer. (Amerikaner)
   Die Stadt gefällt dem Amerikaner.
   ....

2. Der Mantel gehört dem Mädchen. (Schwester)
Der Mantel gehört der Schwester.
....

3. Ich kaufe meinem Vater ein Buch. (Mutter)
Ich kaufe meiner Mutter ein Buch.
....

C. Im Restaurant. Ersetzen Sie das Dativobjekt!

1. Die Bedienung kommt mit der Speisekarte. (Salz)
Die Bedienung kommt mit dem Salz.
....

2. Das Restaurant ist bei dem Markt. (Kaufhaus)
Das Restaurant ist bei dem Kaufhaus.
....

3. Die Uhr ist von meinem Großvater. (Großmutter)
Die Uhr ist von meiner Großmutter.
....

D. *Wem* oder *wen*? Bilden Sie Fragen!

Er hilft dem Freund.
Wem hilft er?
....

E. *Zu Hause* oder *nach Hause*? Bilden Sie neue Sätze!

Sie sind zu Hause. (fahren)
Sie fahren nach Hause.
....

Einblicke

CD 2, Track 12

Man ist, was man isst.

Web-Ecke

- For further listening and comprehension practice, visit the *Wie geht's?* Web site at **http://www.heinle.com**, where you can find a brief passage about Mrs. Wagner's shopping habits *(Frau Wagner geht einkaufen.)* and a short dictation with sample sentences from the reading text of Chapter 3.

Zum Schreiben

A. Erweitern Sie Ihren Wortschatz! *(For the groups of words on the next page, write the English equivalents, and point out the vowel relationship.)*

An analysis of groups of cognates shows that differences between English and German cognates developed quite systematically.

BEISPIELE:

klar   *clear* $a \rightarrow ea$

Jahr   *year*

1. alt _____ ____   5. Osten _____ ____

    kalt _____   Bohne _____

    lang _____   6. gut _____ ____

2. Tee _____ ____   Buch _____

    See _____   Nudel _____

3. Bier _____ ____   7. Suppe _____ ____

    Knie _____   jung _____

4. Sommer _____ ____

    Sonne _____

    Onkel _____

B. Tom studiert in Heidelberg.

Was fehlt? *(Find each missing word or phrase in the list on the left and write it in the blank.)*

aus
bei
das
ein Glas
eine Tasse
frühstückt
kalt
nach
nach
um
zum
zur

Tom ist Amerikaner. Er kommt _____ Milwaukee. Er wohnt jetzt in
                                              (1)

Heidelberg _____ Familie Schneider. Da _____ er und ist auch
                     (2)   (3)

dort zum Abendessen. _____ Frühstück gibt es Jogurt oder Ei, Brot,
                                 (4)

Butter, Wurst oder Marmelade und Kaffee. _____ dem Frühstück geht
                                                     (5)

Tom zur Universität. Mittags geht er _____ Mensa. Da ist _____
                                           (6)   (7)

Mittagessen nicht teuer. _____ fünf oder halb sechs geht er _____
                                (8)   (9)

Hause. Das Abendessen ist _____. Herr Schneider trinkt gern
                                   (10)

_____ Wein, aber Frau Schneider trinkt _____ Tee. Tom trinkt
       (11)   (12)

Milch, wie *(like)* die Kinder.

C. Was isst Alex? Bilden Sie ganze Sätze!

1. Ober / geben / Alex / Speisekarte

   _____

2. Alex / lesen / Speisekarte / und / nehmen / Reis mit Huhn *(chicken)*

   _____

   _____

3. er / essen / auch / etwas Salat / und / trinken / Glas Wein

   _____

   _____

4. Zum Nachtisch / Ober / empfehlen / Schokoladenpudding

   _____

   _____

5. Restaurant / gefallen / Student *(sg.)*

   _____

D. Was ist was? *(Write the German word for each numbered item in the picture below. Include the proper article and plural.)*

1. _____   5. _____

2. _____   6. _____

3. _____   7. _____

4. _____   8. _____

E. Wie geht's weiter? *(You are eating at a German restaurant. The menu [Kapitel 3 in your textbook] looks impressive, but turns out to be deceptive. The first five entrees that you try to order are not even available. Make up a dialogue together with your partner. Then swap roles so that each of you gets to be the customer.)*

KELLNER(IN)	Guten Tag! Was darf's sein, bitte?
GAST	Ich hätte gern . . .
KELLNER(IN)	Das tut mir Leid. . . . gibt es nur am Dienstag.
GAST	Dann nehme ich . . .
KELLNER(IN)	Haben Sie denn . . . mit . . . ?
GAST	_____

_____

_____

_____

_____

_____

_____

_____

F. Aufsatz: Essgewohnheiten. *(Describe two of the following people in four to five sentences each.)*

1. Oskar, who is on a diet
2. Petra, who is a vegetarian
3. Nicole, who loves junk food
4. Irene, who thinks well-balanced meals and good nutrition are very important

z. B. *Andreas, who doesn't care about calories*

Andreas hat immer Hunger. Zum Frühstück isst er Cornflakes, Brötchen mit Butter und Marmelade und trinkt ein Glas Milch. Mittags isst er Fleisch, Gemüse und Kartoffeln, und zum Nachtisch Kuchen oder Eis. Nachmittags trinkt er Cola und isst Chips und abends isst er Butterbrot mit Wurst oder Käse und etwas Obst.

In der Markthalle gibt es heute Verlorene Eier mit Spinat.

Video-aktiv

Minidrama: Und für Sie die Nummer 27

Vor dem Sehen

Zum Erkennen

Ich habe einen Bärenhunger.	*I'm starving.*	der Pfannkuchen,- der Quark	*pancake (sour skim milk) curd cheese*
Bist du wahnsinnig?	*Are you crazy?*		
die Portion, -en	*serving*	Jammer doch nicht so!	*Don't complain so much!*
Um Himmels willen!	*For heavens sake!*		

A. Mal sehen!

Note that from now on, this exercise will be in the **ihr**-form, since it is a group activity where students ask students.

1. Wann esst ihr mittags und abends?
2. Wie spät ist es jetzt?
3. Habt ihr Hunger?
4. Habt ihr Durst?
5. Was hättet ihr jetzt gern?
6. Was hat viele Kalorien?
7. Was macht nicht dick?
8. Ihr seid mit Freunden im Restaurant. Was bringt die Bedienung?
9. Der Ober bringt das Essen. Was sagt man, bevor man mit dem Essen beginnt? Was sagt ihr dann?
10. Was sagt ihr, wenn etwas gut schmeckt? nicht schmeckt?

Nach dem Sehen

B. Richtig oder falsch?

___ 1. Inge, Daniela und Martin sind in einem Biergarten.
___ 2. Im Biergarten gibt es nur Bier.
___ 3. Daniela hat einen Bärenhunger und bestellt Spagetti mit Pommes (frites) und Salat.
___ 4. Martin bestellt Sauerbraten mit Spätzle.
___ 5. Inge hat keinen Hunger und möchte nur etwas Kleines (essen).
___ 6. Die Portionen im Restaurant sind alle sehr klein.
___ 7. Kasimir ist eine Käsespezialität aus der Schweiz.
___ 8. Palatschinken ist eine Spezialität aus Österreich: Pfannkuchen mit Erdbeermarmelade.
___ 9. Inge bestellt Palatschinken. Sie glaubt, das ist Schinken.
___10. Sie hat keinen Appetit auf Palatschinken. So gibt ihr *(her)* Daniela die Spagetti.

C. Wenn du mich fragst, . . . Und du?

Note that from now on, this exercise will be in the **du**-form, since it is intended as partner work.

1. Ich finde Biergärten und Gartenrestaurants . . .
2. So etwas gibt es hier . . .
3. Wenn ich nur etwas Kleines möchte, bestelle ich . . .
4. Wenn ich einen Bärenhunger habe, bestelle ich . . .
5. Was mir auch gut schmeckt, ist/sind . . .
6. Ich esse aber nicht gern . . .
7. Wenn du mich fragst „Möchtest du Spagetti, Schnitzel oder Palatschinken?", dann nehme ich . . .
8. Dazu *(with it)* bestelle ich mir . . .
9. Als *(as)* Nachspeise bestelle ich mir . . .
10. Inge ist sehr pingelig *(picky)*. Ich . . .

D. Vokabelspiel mit der Speisekarte. Nennen Sie ganz schnell vier bis acht . . . ! (Das Buch zu und auf Deutsch bitte!)

1. Gerichte *(dishes)*   3. Salate   5. Nachspeisen
2. Suppen   4. Getränke

Blickpunkt: Was gibt's zu essen?

Vor dem Sehen

Zum Erkennen

der Honig	*honey*	die Maultasche, -n	*ravioli-like filled pasta*
das Lokal, -e	*restaurant*	Verlorene Eier *(pl.)*	*poached eggs*
preiswert	*inexpensive*	der Blattspinat	*leaf spinach*
das Gericht, -e	*dish*	der Himbeersirup	*raspberry syrup*

E. Mal sehen!

1. Wann frühstückt ihr?
2. Was esst ihr zum Frühstück?
3. Was trinkt ihr zum Frühstück?
4. Gibt es hier Restaurants mit einer Frühstücksbar? Wenn ja, wo und was gibt's da?
5. Wo kann man hier preiswert essen?
6. Wo kann man gut Fisch / Fleisch essen?
7. Gibt es ein Restaurant für Vegetarier? Wenn ja, wie heißt es?
8. Wie viel kostet es ungefähr, wenn man mittags oder abends im Restaurant isst?
9. Geht ihr oft ins Restaurant? Wenn ja, wann und mit wem?
10. Wer bezahlt?

Nach dem Sehen

F. Ein paar Details. *(Do you remember any of the dishes, beverages, and desserts the cook mentions or shows in this video?)*

Gerichte	Getränke	Nachspeisen

G. Was stimmt?

1. Frau Schmiederer arbeitet in _____.
   a. einem Restaurant   b. einem Café   c. einer Pension
2. Sie macht _____.
   a. die Betten *(beds)*   b. das Frühstück   c. die Wäsche *(laundry)*
3. Sie empfiehlt den Gästen *(guests)* auch _____.
   a. Filme   b. Theater   c. Restaurants
4. Mittags und abends essen die Gäste _____.
   a. in Restaurants   b. in der Pension   c. im Park
5. Im Video bringt sie uns zur Markthalle. Das ist ein Restaurant in _____.
   a. Berlin-Zehlendorf   b. Berlin-Steglitz   c. Berlin-Kreuzberg
6. Das Restaurant ist populär, denn _____.
   a. da essen viele Touristen   b. die Atmosphäre ist gut   c. es ist teuer
7. Der Chef ist sehr nett und wir sehen, wie er _____ macht.
   a. Bratwurst mit Sauerkraut   b. Hering mit Zwiebeln   c. Wiener Schnitzel
8. Auf der Tageskarte haben sie heute _____.
   a. verlorene Eier mit Blattspinat   b. Gemüsemaultaschen   c. eine gemischte Fischplatte
9. Die Amerikaner möchten oft _____, aber das haben sie da nicht.
   a. Mineralwasser   b. Eiswasser   c. Wassereis
10. Berliner Weiße ist ein Weißbier mit _____.
    a. Zitronensaft   b. Cola   c. Himbeersaft

H. Wenn du mich fragst, . . . Und du?

1. Frau Schmiederer kauft jeden *(every)* Tag alles frisch. So oft gehe ich . . .
2. Im Video sehen wir, wie sie . . . kauft.
3. Sie geht in ein . . . und in eine . . .
4. Wir sehen auch einen Blumenstand, aber Frau Schmiederer . . .
5. Ich kaufe . . . Blumen.
6. Frau Schmiederer geht zu Fuß *(walks)* und hat alles in . . . Ich gehe . . . zu Fuß.
7. Chinesisch (Italienisch usw.) isst man hier gut bei / im / in der . . .
8. Das Essen in der Markthalle gefällt . . . Es ist . . .
9. Ich habe jetzt Appetit auf . . . mit . . .

I. Genau gesehen *(A closer look. Let's see how observant you were. Mark all the things from the list that you saw in the video. What wasn't there? Compare your results with one of your classmates' answers.)*

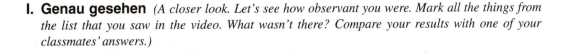

Ananas	Erbsen	Nudeln
Bananen	Kaffee	Orangensaft
Bohnen	Kartoffeln	Pommes frites
Brötchen	Käse	Pudding
Butter	Kuchen	Wurst
Ei	Marmelade	Würstchen

Es gibt . . . , aber kein(e / en) . . .

J. Kulturell gesehen *(Mention a few things that struck you as being culturally different from your own country in this video. This can be in English.)*

Rückblick: Kapitel 1–3

The *Rückblick* exercises are intended for your own review before exams. Answers to all exercises in this section are given in the answer key in the back of this Workbook.

I. Wortschatzwiederholung

A. Geben Sie das Gegenteil!

1. kaufen _____

2. fragen _____

3. kommen _____

4. nördlich _____

5. im Westen _____

6. offen _____

7. alles _____

8. billig _____

9. dick _____

10. groß _____

11. schnell _____

12. toll _____

B. Geben Sie den Artikel!

1. _____ Buttermilch

2. _____ Bananeneis

3. _____ Kartoffelsalat

4. _____ Salatkartoffel

5. _____ Lebensmittelrechnung

6. _____ Limonadenflasche

7. _____ Marmeladenbrot

8. _____ Obstkuchen

9. _____ Zitronenpudding

C. Was fehlt?

1. Vater, Mutter und Kinder sind zusammen eine _____.

2. In Deutschland isst man Brot mit Wurst, Käse oder Fisch zum _____.

3. Für Suppe, Pudding oder Eis braucht man einen _____.

4. Orangen, Bananen, Erdbeeren und Äpfel sind _____.

5. Erbsen, Karotten und Bohnen sind _____.

6. Der Vater von meiner Mutter ist mein _____, aber der Bruder von meiner

   Mutter ist mein _____.

7. Zum Schreiben braucht man einen _____ oder einen _____

   und ein Stück _____.

8. Im Winter braucht man einen _____ oder eine _____.

9. Hier essen die Studenten: _____.

10. Hier essen die Leute Kuchen und trinken Kaffee oder Tee: _____.

11. Hier kauft man Röcke und Blusen, Jacken und Hosen, auch Schuhe: _____.

II. Strukturwiederholung

D. Verben. Variieren Sie die Sätze!

1. **Ich trinke Saft.**
   *We drink juice. Do you (**ihr**) drink juice? She doesn't drink juice.*

   _____

   _____

   _____

   _____

2. **Sie antwortet den Leuten.**
   *I'm answering the people. They answer the people. Does she answer the people? Answer (formal) the people. Don't (formal) answer the people. Why aren't you (**ihr**) answering the people?*

   _____

   _____

   _____

3. **Er fährt nach Stuttgart.**
   *They're driving to Stuttgart. Why is she driving to Stuttgart? I'm not going to drive to Stuttgart. Are you (**ihr**) driving to Stuttgart? Drive (formal) to Stuttgart. Don't (formal) drive to Stuttgart.*

   _____

   _____

   _____

4. **Wir essen Fisch.**
   *Who's eating fish? Are you (**ihr**) eating fish? They don't eat fish. Eat (formal) fish.*

   _____

5. **Sie werden müde.**
   I'm getting tired. She's not getting tired. Don't (formal) get tired. Who's getting tired? We're getting tired, too.

   _____

   _____

6. **Er hat Hunger.**
   *I'm hungry. Are you (**ihr**) hungry? Who's hungry? They're hungry. They're not hungry. We're hungry.*

   _____

   _____

7. **Sie ist sehr groß.**
   *You're (**ihr**) very tall. They're not very tall. I'm very tall. Isn't he tall?*

   _____

E. Nominativ, Akkusativ und Dativ. Variieren Sie die Sätze!

1. **Herr Díaz ist Spanier.**
   Mr. Schmidt is (an) Austrian. No, he's from Switzerland. Is Ms. Bayer an Austrian? She's not an Austrian either. (She's also not an Austrian.) They say Ms. Klein is an American. Joe is an American, too.

   _____

   _____

2. **Hier gibt es einen Supermarkt.** *There's a river here (a restaurant, no cafeteria, no lake). There are mountains here (bakeries, lakes, no stores, no cafés).*

   _____

   _____

3. **Das Geschäft gehört den Großeltern.**
   Who does the store belong to? (To whom does the store belong?) What belongs to the grandfather? She says it doesn't belong to the brother. It doesn't belong to the aunt.

   _____

   _____

4. **Der Herr bringt der Freundin Blumen.**

What is he bringing to the girlfriend? Who's he bringing flowers to? (To whom is he bringing flowers?) Who's bringing flowers? Why is he bringing flowers? Isn't he bringing flowers to the girlfriend? They're bringing the children some cookies. Is she bringing the friends a bottle of wine? He's bringing the neighbors apples. I'm bringing the sisters some books.

_____

_____

_____

_____

_____

F. Präpositionen. Kombinieren Sie die Präpositionen mit den Wörtern!

BEISPIEL: durch / Land
durch das Land

durch: ___ Stadt, ___ Kaufhaus, ___ Supermarkt

für: ___ Kuchen, ___ Vater, ___ Junge ___, ___ Eltern, ___ Familie

gegen: ___ Leute, ___ Restaurant, ___ Bedienung, ___ Ober, ___ Mensch ___ *(pl.)*

ohne: ___ Essen, ___ Speisekarte, ___ Pudding, ___ Herr ___, ___ Geschwister

um: ___ Geschäft, ___ Markt, ___ Mensa, ___ Tisch

aus: ___ Flasche, ___ Gläser ___, ___ Supermarkt, ___ Bäckerei, ___ Café

außer: ___ Bruder, ___ Eltern, ___ Schwester, ___ Leute ___, ___ Student ___

bei: ___ Supermarkt, ___ Apotheke, ___ Nachbar ___, ___ Familie

mit: ___ Herr ___, ___ Freundin, ___ Löffel, ___ Messer, ___ Gabel

nach: ___ Frühstück, ___ Mittagessen, ___ Vorlesung, ___ Kaffee

seit: ___ Abendessen, ___ Frühling, ___ Zeit

von: ___ Ober, ___ Tante, ___ Kinder ___, ___ Mutter, ___ Studentin

zu: ___ Restaurant, ___ Mensa, ___ Markt, ___ Apotheke

G. Beantworten Sie alle Fragen mit *kein* oder *nicht!*

1. Gibt es heute Schokoladenpudding? _____

2. Hilft der Junge dem Vater? _____

3. Sehen Sie den Ober? _____

4. Haben Sie ein Messer? _____

5. Brauchen wir heute Milch? _____

6. Geht ihr nach Hause? _____

7. Haben Sie Rindsrouladen?   _____

8. Trinkt er Kaffee?   _____

9. Isst sie gern Eis?   _____

10. Ist Max dein Freund?   _____

11. Hast du Durst?   _____

12. Ist es heute sehr kalt?   _____

H. Was fehlt?

1. Heute geht Frau Müller _____ Drogerie _____ Bäckerei und _____
                            from the   *to the*   *to the*
Supermarkt. 2. Dann geht sie _____ Markt. 3. Da kauft sie Blumen _____
                              to the   *for the*
Großmutter, denn sie hat Geburtstag *(birthday)*. 4. Frau Müller braucht auch ein paar Flaschen

Wein, denn Freunde kommen _____ Wien. 5. Dann geht sie wieder _____ Hause
                           from   *to*
und macht das Mittagessen _____ Familie: _____ Vater und _____ Kinder.
                           for the   *for the*   *for the*
6. _____ eins sind alle _____ Hause. 7. _____ Mittagessen gibt es heute
    at   *at*   *for*
Schnitzel, Kartoffelsalat und Bohnen. 8. _____ Mittagessen machen die Kinder
                                          after the
Hausaufgaben. 9. _____ halb fünf geht Frau Müller _____ Kindern _____
                  at   *with the*   *to the*
Großmutter. 10. _____ Großeltern feiern (celebrate) sie _____ Kaffee und Kuchen.
                 at the   *with*
11. _____ Kaffee gehen Müllers _____ Stadt _____ Hause. 12. Die Kinder
     after the   *through the*   *to*
essen abends _____ Eltern, denn sie gehen früh (early) schlafen. 13. Die Eltern lesen und
              without the
sprechen noch etwas _____ Abendessen, aber nicht lange, denn sie sind schon (already)
                     after the
_____ halb sieben auf. 14. _____ zehn gehen sie auch schlafen.
 since   *at*

I. Was ist richtig?

1. _____ gehört die Apotheke?
   a. wer   b. was   c. wen   d. wem
2. Dieser Herr ist _____ Amerikaner.
   a. —   b. ein   c. einen   d. einem
3. Wie gefällt Ihnen _____?
   a. der See   b. den See   c. dem See   d. die Seen
4. _____ ihr noch nicht fertig?
   a. sein   b. seid   c. sind   d. bist
5. _____ du die Landkarte?
   a. hat   b. habt   c. hast   d. habe
6. Ist das Buch für _____ Vater?
   a. Ihr   b. Ihren   c. Ihrem   d. Ihre
7. Mein Cousin _____ morgen nach Berlin.
   a. fahre   b. fährst   c. fährt   d. fahrt

8. Außer _____ Studentin sind alle hier.
   a. der   b. die   c. dem   d. den
9. _____ ihr auch Hunger?
   a. hast   b. hat   c. habt   d. habe
10. _____ du gern Äpfel?
    a. esse   b. isst   c. esst   d. ist
11. Die Uhr ist von _____ Großeltern.
    a. mein   b. meine   c. meinem   d. meinen
12. Rotkäppchen bringt _____ Großmutter _____ Kuchen.
    a. die / dem   b. der / den   c. der / dem   d. die / den
13. Der Kellner empfiehlt _____ Herrn _____ Fisch.
    a. dem / den   b. den / dem   c. der / dem   d. die / den
14. Hier gibt es _____ Supermarkt.
    a. kein   b. keinem   c. keine   d. keinen
15. Ich gehe jetzt zu _____ Freundin.
    a. meine   b. meinem   c. mein   d. meiner
16. Oskar wohnt _____ seiner Tante.
    a. mit   b. ohne   c. zu   d. bei
17. Geht ihr noch nicht _____ Hause?
    a. —   b. nach   c. zu
18. _____ die Kusine nicht Englisch?
    a. sprecht   b. spricht   c. spreche   d. sprechen
19. Ich nehme Käsekuchen. Was _____ du?
    a. nehmt   b. nehme   c. nimmt   d. nimmst
20. Außer _____ Bruder essen alle Suppe.
    a. mein   b. meiner   c. meinen   d. meinem

J. Auf Deutsch bitte!

1. *Mr. and Mrs. Schmidt are coming for dinner.*

   _____

2. *Axel and I are helping at home.*

   _____

3. *He's carrying the plates and I'm carrying the knives and forks.*

   _____

Kapitel (4)

Feste und Daten

Zum Hören

Gespräche + Wortschatz

CD 3, Track 1

A. Am Telefon. Hören Sie zu und wiederholen Sie!

CHRISTA	Hallo, Michael!
MICHAEL	Hallo, Christa! Wie geht's dir denn?
CHRISTA	Nicht schlecht, danke. Was machst du am Wochenende?
MICHAEL	Nichts Besonderes. Warum?
CHRISTA	Klaus hat übermorgen Geburtstag und wir geben eine Party.
MICHAEL	Super! Aber bist du sicher, dass Klaus übermorgen Geburtstag hat? Ich glaube, sein Geburtstag ist am siebten Mai.
CHRISTA	Quatsch! Klaus hat am dritten Mai Geburtstag. Und Samstag ist der dritte.
MICHAEL	Na gut. Wann und wo ist die Party?
CHRISTA	Samstag um sieben bei mir. Aber nichts sagen! Es ist eine Überraschung.
MICHAEL	O.K.! Also, bis dann!
CHRISTA	Tschüss! Mach's gut!

B. Klaus klingelt bei Christa. Hören Sie zu und spielen Sie dann die Rolle von Klaus!

CHRISTA	Grüß dich, Klaus! Herzlichen Glückwunsch zum Geburtstag!
KLAUS	Wie bitte?
MICHAEL	Ich wünsche dir alles Gute zum Geburtstag.
KLAUS	Tag, Michael! . . . Hallo, Gerda! Kurt und Sabine, ihr auch?
ALLE	Wir gratulieren dir zum Geburtstag!
KLAUS	Danke! So eine Überraschung! Aber ich habe heute nicht Geburtstag. Mein Geburtstag ist am siebten.
CHRISTA	Wirklich?—Ach, das macht nichts. Wir feiern heute.

C. Was stimmt? *(Listen to the questions and answer them briefly in German. You don't need to write complete sentences.)*

1. _____

2. _____

3. _____

4. _____

CD 3, Track 2

Aussprache: ch, ck *(Pronunciation Guide III. 13–15)*

A. Laute. Hören Sie zu und wiederholen Sie!

1. [ç]   ich, nicht, furchtbar, vielleicht, manchmal, sprechen, Rechnung, Mädchen, Milch, durch, gewöhnlich, richtig, wichtig
2. [x]   ach, acht, machen, Weihnachten, auch, brauchen, Woche, noch, doch, Buch, Kuchen, Bach, Bacharach
3. [ks] sechs, sechste
4. [k]   dick, Zucker, Bäcker, Rock, Jacke, Frühstück, schmecken

B. Wortpaare. Hören Sie zu und wiederholen Sie!

1. mich / misch   4. lochen / locken
2. Kirche / Kirsche   5. Nacht / nackt
3. nickt / nicht   6. möchte / mochte
Was hören Sie jetzt?   ....

Struktur

CD 3, Track 3

Ordinals

A. Daten. Lesen Sie die folgenden Daten laut!

1. 11.
   der erste November

1. 11. / 12. 4. / 31. 12. / 12. 7. / 22. 3. / 18. 5. / 11. 11. / 1. 8. / 30. 1.

4.1 Present perfect with *haben*

B. Essen und Einkaufen. Ersetzen Sie das Subjekt!

1. Ich habe Obst gekauft. (wir)
   Wir haben Obst gekauft.
   ....
2. Hat sie schon gegessen? (ihr)
   Habt ihr schon gegessen?
   ....

C. Klaus und Gerda. Ersetzen Sie das Verb!

1. Ich habe Klaus ein Buch gekauft. (geben)
   Ich habe Klaus ein Buch gegeben.
   ....
2. Wir haben Gerda nicht gesehen. (finden)
   Wir haben Gerda nicht gefunden.
   ....

D. Was haben Sie am Wochenende gemacht? Bilden Sie Sätze!

eine Party geben
Ich habe eine Party gegeben.
....

4.2 Present perfect with *sein*

E. Nach Hause. Ersetzen Sie das Subjekt!

Sie ist nach Hause gegangen. (wir)
Wir sind nach Hause gegangen.
....

F. Jetzt und früher. Sagen Sie es im Perfekt!

Sie laufen um den See.
Sie sind um den See gelaufen.
....

4.3 Subordinate clauses

G. Fragen. Beginnen Sie mit **Er fragt, ...**

Wie viel Uhr ist es?
Er fragt, wie viel Uhr es ist.
....

H. Briefe. Beginnen Sie mit **Sie schreibt, dass ...**

Klaus hat Geburtstag gehabt.
Sie schreibt, dass Klaus Geburtstag gehabt hat.
....

Einblicke

CD 3, Track 4

Deutsche Feste

....

Web-Ecke

- For further listening and comprehension practice, visit the **Wie geht's?** Web site at **http://www.heinle.com**, where while looking at a picture, you can find a brief passage about Peter's birthday surprise *(Der Geburtstag)*. There is also a short dictation with sample sentences from the reading text of Chapter 4.

Zum Schreiben

A. Erweitern Sie Ihren Wortschatz! *(Give the German equivalents of the English words in each group and determine the particular consonant relationship as shown.)*

German and English cognates display several very regular patterns of consonant correspondence.

FESTE FEIERN IN WESTFALEN

BEISPIEL: *have*
haben v > b

1. *book* _____ ____   5. *two* _____ ____

   cake _____   *ten* _____

   milk _____   *time* _____

   to make _____   *salt* _____

2. *thick* _____ ____   6. *right* _____ ____

   thin _____   *neighbor* _____

   brother _____   *eight* _____

   to thank _____   *daughter* _____

3. *pound* _____ ____   7. *good* _____ ____

   pepper _____   *loud* _____

   penny _____   *cold* _____

   apple _____   *door* _____

4. *water* _____ ____

   hot _____

   white _____

   great _____

B. Was fehlt? *(Fill in the blanks with forms of the present perfect.)*

1. haben   Am Samstag _____ mein Vater Geburtstag
                         (1)

2. werden   _____ . Er _____ fünfundfünfzig
                  (1)   (2)

              _____ . Meine Großeltern, Onkel, Tanten,
                  (2)

3. sein   Cousins und Kusinen _____ hier _____ .
                              (3)   (3)

4. kommen   Auch ein paar Freunde _____ _____.
                                   (4)   (4)

5. gratulieren   Alle _____ meinem Vater _____.
                           (5)   (5)

6. bekommen   Er _____ viele Geschenke _____.
                           (6)   (6)

7. schenken   Wir _____ meinem Vater ein paar Flaschen Wein und viele
                         (7)

8. trinken   Blumen _____. Wir _____ Kaffee
                       (7)   (8)

9. essen   _____ und Kuchen _____. Meine
                (8)   (9)

10. bleiben   Großeltern _____ auch zum Abendessen
                         (10)

11. öffnen   _____. Meine Mutter _____ eine Flasche
              (10)   (11)

12. singen   Sekt _____. Wir _____
                  (11)   (12)

13. tanzen   _____ und _____. Die Party
              (12)   (13)

14. machen   _____ meinem Vater Spaß _____.
              (14)   (14)

C. Pläne. Bilden Sie Sätze!

1. Harald / sagen // dass / er / fahren / nach Hause / zu Weihnachten

_____

2. ich / gehen / zum Supermarkt // bevor / ich / komme nach Hause

_____

3. kommen / ihr // wenn / Katharina / haben / Geburtstag?

_____

4. obwohl / Restaurant / sein / sehr / gut // es / nicht / sein / teuer

_____

5. wenn / du / sein / fertig // wir / spielen / Tennis

_____

6. sie *(sg.)* / fragen // ob / er / sprechen / Deutsch *(second clause present perfect)*

_____

7. weil / wir / sein / müde // wir / nicht / tanzen *(both clauses present perfect)*

_____

D. Kreuzworträtsel. Ergänzen Sie das Kreuzwarträtsel auf Deutsch!

Vertikal:
1. *understood*
2. *candle*
3. *pronoun for holiday*
4. *done*
5. *celebrations*
7. *although*
9. *sure*
13. *(the) first*
14. *around*
17. *sun*
19. *there*
20. *when?*
21. *skirt*
25. *whether*

Horizontal:
3. *ice cream* 6. *before* 8. *vacation* 10. *sentence* 11. *because* 12. *girl's name* 14. *and* 15. *pronoun for birthday* 16. *out of* 18. *song* 20. (you / sg. fam.) *are becoming* 22. *because* 23. *pink* 24. *ago* 26. *still* 27. *never* 28. *to do*

E. Nacht der 1000 Feuer *(Night of the 1000 fires.) (Fill in the blanks with the words in the box below.)*

> *Touristen   Wein   nach   Feuerwerk   beginnt   Leute*
> *Weinmarkt   Oberwesel   nach   vierzig   bleiben*

1. Mitte *(in the middle of)* September ist bei

_____ der Rhein in Flam-

men. 2. Da gibt es ein _____.

3. Zu dem Fest kommen über *(over)*

_____ Sonderschiffe. 4. Das

Feuerwerk _____, wenn es

dunkel wird. 5. Dann fährt der Schiffskorso

(convoy) langsam auf dem Rhein entlang.

6. Für die _____ auf den

Schiffen ist das wunderschön, denn die Burgen *(castles)* am Rhein sind dann wie in Flammen.

7. Zu der Zeit ist dort auch _____. 8. Nach dem Schiffskorso gehen viele noch

etwas _____ trinken und tanzen. 9. Oft _____ sie dann in einem

Hotel oder sie fahren mit dem Zug *(train)* _____ Hause.

F. Christkindlmarkt. *(Looking at the photo in Chapter 4 of your book, complete the following statements.)*

1. Das Bild zeigt den Christkindlmarkt in _____.
   a. Leipzig   b. Nürnberg   c. Hamburg
2. Es ist _____.
   a. Morgen   b. Mittag   c. Abend
3. Auf dem Bild _____ es Hunderte von Buden und die Atmosphäre ist prima.
   a. geben   b. gibt   c. gebt
4. Die Leute verkaufen Weihnachtsdekorationen, Spielzeug und Lebkuchen, aber das _____ man hier nicht.
   a. sehen   b. seht   c. sieht
5. Wir sehen auch zwei Kirchen *(churches)*. Die eine Kirche _____ St. Sebaldus.
   a. heißen   b. heiße   c. heißt
6. Der Christkindlmarkt _____ gewöhnlich vier Wochen, vom 1. Advent bis Weihnachten.
   a. dauert   b. feiert   c. arbeitet
7. Über *(over)* zwei Millionen _____ kommen dann zu diesem Markt.
   a. Freunde   b. Leute   c. Nachbarn

G. Wann sagt man das? *(Describe situations in which these expressions are appropriate responses.)*

BEISPIEL: Ich gratuliere Ihnen!
    Meine Musiklehrerin hat einen Musikpreis bekommen.

1. Gute Besserung!   _____

2. Das ist nett von dir!   _____

3. Das gibt's doch nicht!   _____

4. Vielen Dank!   _____

5. Herzlichen Glückwunsch!   _____

6. Schönes Wochenende!   _____

7. Bis später!   _____

8. Viel Glück!   _____

9. So eine Überraschung!   _____

10. Bitte, bitte! Nichts zu danken!   _____

H. Aufsatz: Was ich am Wochenende gemacht habe. *(Write six sentences about what you did on the weekend.)*

   z. B. Am Wochenende bin ich einkaufen gegangen . . .

Familie Winter dekoriert
den Weihnachtsbaum.

Video-aktiv

Minidrama: Das hat es bei uns nicht gegeben

Vor dem Sehen

Zum Erkennen

die Omi, -s	*grandma*	der Glühwein	*mulled wine*
Strohsterne basteln	*to make straw stars*	der Karpfen, -	*carp*
die Schachtel, -n	*box*	die Gans, ⸚e	*goose*

A. Mal sehen!

1. Wann ist Weihnachten oder Hannukah?
2. Gibt es da bei euch *(at your house)* Geschenke?
3. Was habt ihr letztes *(last)* Jahr zu Weihnachten / Hannukah bekommen?
4. Habt ihr gewöhnlich einen Weihnachtsbaum?
5. Wann beginnen die Geschäfte mit Weihnachtsmusik?
6. Von wann bis wann sieht man Weihnachtsbäume in den Geschäften?
7. Ist für euch *(you)* Weihnachten / Hannukah ein Familienfest?
8. Wie sagt man „Merry Christmas" auf Deutsch?
9. Was sagt man zu Silvester?
10. Was sagt man, wenn jemand Geburtstag hat?

Nach dem Sehen

B. Richtig oder falsch?

____ 1. Familie Winter dekoriert den Weihnachtsbaum, denn es ist der 1. Advent.
____ 2. Martin hilft nicht, weil er am Computer arbeitet.
____ 3. Die Eltern sagen, dass sie Weihnachten immer zu Hause gefeiert haben.
____ 4. Die Oma hat immer viele Plätzchen gebacken.
____ 5. Herr Winter hat keinen Karpfen bekommen, so hat er einen Truthahn gekauft.
____ 6. Die Kinder möchten nicht zur Oma gehen, weil sie Pläne haben.
____ 7. Daniela möchte einkaufen gehen.
____ 8. Martin möchte in die Bibliothek.
____ 9. Frau Winter findet das nicht so toll.
____ 10. Sie möchte nach Mallorca fliegen.

C. Wenn du mich fragst, . . . Und du?

1. Ich finde Weihnachten / Hannukah . . .
2. Wir feiern Weihnachten / Hannukah gewöhnlich . . .
3. Zum Essen gibt es gewöhnlich . . .
4. Ich möchte zu Weihnachten / Hannukah gern . . .
5. Das geht . . . , weil . . .

D. Ferien und Feiertage

1. Welche Ferien und Feiertage gibt es in Deutschland?
2. Welche Ferien und Feiertage gibt es hier?
3. Was tun die Leute hier in den Ferien? Wohin fahren sie vielleicht?

Kapitel 5

In der Stadt

Zum Hören

Gespräche + Wortschatz

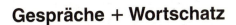

CD 3, Track 5

A. Entschuldigen Sie! Wo ist . . . ? Hören Sie zu und wiederholen Sie!

TOURIST	Entschuldigen Sie! Können Sie mir sagen, wo das Hotel Sacher ist?
WIENER	Erste Straße links hinter der Staatsoper.
TOURIST	Und wie komme ich von da zum Stephansdom?
WIENER	Geradeaus, die Kärntner Straße entlang.
TOURIST	Wie weit ist es zum Dom?
WIENER	Nicht weit. Sie können zu Fuß gehen.
TOURIST	Danke!
WIENER	Bitte schön!

B. Da drüben! Hören Sie zu und spielen Sie dann die Rolle des Touristen!

TOURIST	Entschuldigung! Wo ist das Burgtheater?
HERR	Es tut mir Leid. Ich bin nicht aus Wien.
TOURIST	Verzeihung! Ist das das Burgtheater?
DAME	Nein, das ist nicht das Burgtheater, sondern die Staatsoper. Fahren Sie mit der Straßenbahn zum Rathaus! Gegenüber vom Rathaus ist das Burgtheater.
TOURIST	Und wo hält die Straßenbahn?
DAME	Da drüben links.
TOURIST	Vielen Dank!
DAME	Bitte sehr!

C. Was stimmt? Hören Sie sich die Fragen an und beantworten Sie sie kurz *(briefly)* auf Deutsch!

1. _____

2. _____

3. _____

CD 3, Track 6

Aussprache: ö *(Pronunciation Guide II. 29–36)*

A. Laute. Hören Sie zu und wiederholen Sie!

1. [ö:] Österreich, Brötchen, Goethe, schön,
         gewöhnlich, französisch, hören
2. [ö]   öffnen, östlich, können, Löffel, zwölf,
         nördlich, möchten

B. Wortpaare. Hören Sie zu und wiederholen Sie!

1. kennen / können	3. große / Größe	5. Sühne / Söhne
2. Sehne / Söhne	4. schon / schön	6. Höhle / Hölle

Was hören Sie jetzt?   ....

Struktur

CD 3, Track 7

5.1 Personal pronouns

A. Er, sie oder es. Ersetzen Sie das Subjekt mit einem Pronomen!

Da kommt Ihr Onkel.
Da kommt er.

....

B. Ja, das stimmt. Antworten Sie mit **ja** und ersetzen Sie das Objekt!

1. Fragt ihr den Großvater?
   Ja, wir fragen ihn.

   ....

2. Gehört es dem Touristen?
   Ja, es gehört ihm.

   ....

3. Ist das für Heidi?
   Ja, das ist für sie.

   ....

4. Fährst du mit den Touristen?
   Ja, ich fahre mit ihnen.

   ....

5.2 Modal auxiliary verbs

C. Müssen, können, wollen, mögen. Ersetzen Sie das Subjekt!

1. Wir müssen einen Stadtplan kaufen. (du)
   Du musst einen Stadtplan kaufen.

   ....

2. Sie können zu Fuß gehen. (man)
   Man kann zu Fuß gehen.

   ....

3. Ich will lange schlafen. (Erika)
   Erika will lange schlafen.

   ....

4. Ich möchte ihm glauben. (wir)
   Wir möchten ihm glauben.

   ....

5.3 Personal pronouns and modal auxiliaries

D. Wer bekommt was? Antworten Sie mit einem Akkusativpronomen!

Wem gibst du die Schokolade? (meiner Schwester)
Ich gebe sie meiner Schwester.

....

E. Was zeigst du ihnen? Ersetzen Sie das Dativobjekt!

Was zeigst du dem Amerikaner? (den Dom)
Ich zeige ihm den Dom.

....

Einblicke
CD 3, Track 8

In Grinzing
....

Web-Ecke

- For further listening and comprehension practice, visit the **Wie geht's?** Web site at **http://www.heinle.com**, where you can find a brief passage about a visit to Grinzing *(In Grinzing)* and a short dictation with sample sentences from the reading text of Chapter 5.

Zum Schreiben

A. Erweitern Sie Ihren Wortschatz! *(Find the English cognate in the list on the right and give the modern English equivalent.)*

> Some cognates have changed their meaning over the centuries, although one can readily see the common element.

BEISPIEL: Flasche **h.** *bottle*

1. Hose	___ _____	a. *bloom*
		b. *dame*
2. Tafel	___ _____	c. *dish*
		d. *dome*
3. Herbst	___ _____	e. *elders*
		f. *fare*
		g. *flesh*
4. Zeit	___ _____	h. *flask*
		i. *harvest*
5. Eltern	___ _____	j. *hose*

6. weit   ___ _____

7. fahren   ___ _____

8. Fleisch   ___ _____

9. Dom   ___ _____

10. Dame   ___ _____

11. Flasche   ___ _____

12. Mantel   ___ _____

13. Tisch   ___ _____

14. Blume   ___ _____

15. Stuhl   ___ _____

k. *mantle*
l. *stool*
m. *table*
n. *tide*
o. *wide*

B. Elisabeth schreibt ihren Eltern. Was fehlt?

Graz, den 12. Juni

Liebe Eltern!

euch
euch
in der Nähe vom
kann
könnt
möchte
mir
mir
mir
nach Hause
soll
sondern
Tage
wollen
zu

Jetzt bin ich schon drei _____ in Graz. Mein Hotel
                             (1)

liegt ganz zentral, _____ Bahnhof. Ich bringe
                        (2)

_____ einen Stadtplan, wenn ich _____
    (3)   (4)

komme. Dann_____ ihr sehen, wo alles liegt. Graz gefällt
             (5)

_____ sehr gut. Von meinem Hotel _____ man
  (6)   (7)

nicht nur die Stadt, _____ auch den Fluss, den Dom und die
                    (8)

Berge sehen. Ich gehe hier viel _____ Fuß. Erika, eine
                        (9)

Studentin, hilft _____ viel. Wir _____ morgen
          (10)   (11)

ein Zimmer suchen. Ich _____ mit _____ am
                (12)   (13)

Sonntag zum Schlossberg gehen. Von dort _____ man Graz
                      (14)

wunderbar sehen. Wie ihr seht, geht es _____ sehr gut. Ich
                 (15)

schreibe _____ wieder. Viele Grüße,
     (16)

Eure Elisabeth

C. In der Stadt. Bilden Sie ganze Sätze!

1. heute / wir / wollen / bummeln / durch / Stadt

_____

2. ich / nicht / wollen / fahren / mit / Bus // sondern / Fuß / gehen

_____

3. ich / müssen / gehen / zu / Post

_____

4. wir / können / einkaufen gehen / mit Steffen // wenn / er / kommen / aus / Mensa

_____

_____

5. hier / es / geben / ein Schloss / und / ein Schlosspark

_____

6. können / du / sagen / mir // ob / es / sein / offen / heute?

_____

D. Verkehrszeichen. Was bedeuten die folgenden Verkehrszeichen?

a. f. k. p.

b. g. l. q.

c. h. m. r.

d. i. n. s.

e. j. o. t.

1. ___ Kinder
2. ___ Fußgängerweg
3. ___ Fußgängerüberweg
   (*pedestrian crossing*)
4. ___ Fahrradweg
5. ___ Autobahn (*freeway*)
6. ___ Bahnübergang (*railroad crossing*)
7. ___ Stop(p)schild

8. ___ Vorfahrt (*yield*)
9. ___ Kurve
10. ___ rechts
11. ___ geradeaus oder rechts
12. ___ Kreuzung (*crossing*)
13. ___ Gefälle (*decline*)
14. ___ Engpass (*street narrows*)
15. ___ Einbahnstraße (*one-way street*)

16. ___ keine Einfahrt (*do not enter*)   19. ___ Parkplatz
17. ___ Halteverbot (*no stopping or parking*)   20. ___ Geschwindigkeitsbegrenzung
18. ___ Überholverbot (*no passing*)   (*speed limit*)

E. Österreich. (*The capital letters on the map of Austria represent different countries; small letters represent rivers, lakes, mountains, or mountain passes; numbers stand for cities. Create a key to the map by filling in the names in the spaces provided below. You may wish to check the map in the main text.*)

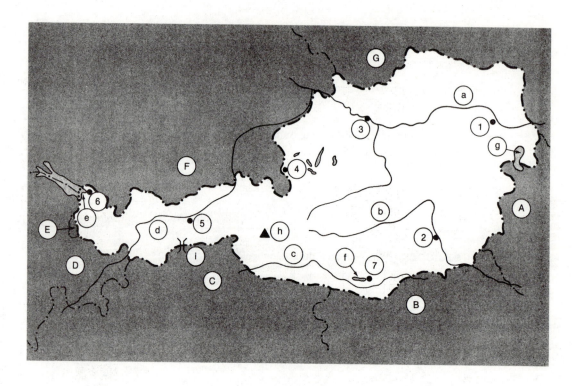

LÄNDER   FLÜSSE/SEEN/BERGE   STÄDTE

A. _____   a. _____   1. _____

B. _____   b. _____   2. _____

C. _____   c. _____   3. _____

D. _____   d. _____   4. _____

E. _____   e. _____   5. _____

F. _____   f. _____   6. _____

G. _____   g. _____   7. _____

                        h. _____

                        i. _____

F. Fragen zum Stadtplan. *(Explore this city by using the following map. Answer the tourist's questions and help give directions by circling the correct phrase in parentheses.)*

BEISPIEL: am Bahnhof
—Entschuldigen Sie bitte! Wie komme ich von hier zum Hotel?
—Da drüben ist die Bahnhofsstraße. Gehen Sie immer geradeaus die Bahnhofsstraße entlang. Dann sehen Sie ((links) rechts) das Hotel.

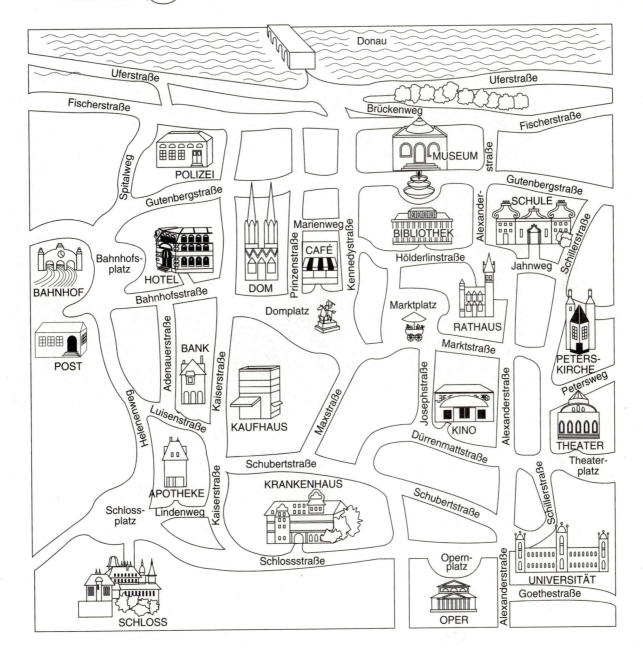

1. am Hotel
   —Entschuldigen Sie, bitte! Wie kommt man von hier zur Oper?
   —Sehen Sie den Dom? Beim Dom gehen Sie (links, rechts) in die Kaiserstraße und immer geradeaus bis zur Schlossstraße, beim Krankenhaus vorbei, und dann kommen Sie direkt zum Opernplatz mit der Oper (links, rechts).

2. am Opernplatz
   —Bitte, wo ist das Rathaus?
   —Da drüben ist die Universität. Gegenüber von der Universität ist die Schubertstraße. Gehen Sie die Schubertstraße entlang, dann (links, rechts) in die Maxstraße und immer geradeaus bis zum Domplatz. Gehen Sie dort nicht (links, rechts), sondern (links, rechts)! Dann kommen Sie direkt zum Rathaus.

3. am Rathaus
   —Verzeihung! Können Sie mir sagen, wie ich von hier zum Museum komme?
   —Gehen Sie da drüben zum Domplatz und dann (links, rechts) neben dem Café in die Kennedystraße und immer geradeaus bis zur Gutenbergstraße! Bei der Gutenbergstraße gehen Sie (links, rechts) und dann sehen Sie (links, rechts) schon das Museum.

4. beim Museum
   —Ach, entschuldigen Sie! Wie weit ist es von hier zur Peterskirche?
   —Nicht weit. Die Peterskirche ist in der Nähe vom Theater. Gehen Sie die Gutenbergstraße entlang bis zur Schillerstraße, bei der Schillerstraße (links, rechts) und dann (links, rechts) in den Petersweg. Dann stehen Sie vor der Peterskirche.

5. bei der Peterskirche
   —Können Sie mir bitte sagen, wie man von hier zum Schloss kommt?
   —Gehen Sie die Schillerstraße entlang bis zur Universität. Dann gehen Sie etwas (links, rechts) weiter zum Opernplatz und die Schlossstraße immer geradeaus. Da kommen Sie direkt zum Schloss. Wenn das zu weit ist, können Sie auch mit dem Bus oder der U-Bahn fahren.

G. Aufsatz: Gruß aus Wien. *(Write a short note to a friend or your parents from Vienna. Use the questions as guidelines.)*

Wo sind Sie? Wie geht es Ihnen? Wie gefällt es Ihnen? Was haben Sie schon alles in Wien gesehen? Von wo kann man die Stadt gut sehen? Wo gibt es viele Touristen? Warum? Was wollen Sie morgen tun? Wie kommen Sie dahin *(there)*?

Das Johann-Strauß-Denkmal steht im Stadtpark.

Video-aktiv

Minidrama: Wie komme ich zur Staatsoper?

Vor dem Sehen

Zum Erkennen

wissen	*to know (a fact)*	Na so was!	*(coll.) Well I never!*
logisch	*(coll.) of course*	ich flippe(e) aus	*I freak out*

A. Mal sehen!

1. Seid ihr von hier?
2. Gibt es hier in der Nähe ein Museum oder einen Park? Wenn ja, wo?
3. Könnt ihr mir sagen, wo hier die Post und eine Bank ist?
4. Ist das weit von hier?
5. Wie kommt man dorthin?
6. Was sagt ihr, wenn ihr das nicht wisst?
7. Was sagt ihr, wenn jemand erklärt hat *(has explained)*, wie man dorthin kommt? Und was sagt diese Person dann gewöhnlich?
8. Was ist das Gegenteil von „da drüben"?
9. Was ist das Gegenteil von „zu Fuß gehen"?
10. Was ist das Gegenteil von „Glück gehabt!"?

Nach dem Sehen

B. Was stimmt?

1. Jean Paul möchte gern _____.
   a. zum Burgtheater   b. zur Staatsoper   c. zur Hofburg
2. Er ist _____ und fragt eine Dame.
   a. am Bahnhof   b. an einer Bushaltestelle   c. in einer Fußgängerzone
3. Die Dame weiß aber nicht, _____ das ist.
   a. wo   b. wohin   c. woher
4. Dann fragt er einen T-Shirt-Verkäufer, aber der hat _____.
   a. keine Entschuldigung   b. keine Zeit   c. keinen Platz
5. Zum _____ kommt Daniela. Sie weiß, wo das ist.
   a. Pech   b. Glück   c. Spaß
6. Jean Paul möchte für seine _____ Karten für Pavarotti kaufen.
   a. Schwester   b. Tante   c. Mutter
7. Daniela glaubt, dass es keine Karten mehr _____.
   a. sind   b. gibt   c. hat
8. Da kommt der Verkäufer mit einer _____.
   a. Kerze   b. Blume   c. Überraschung
9. Er hat ein _____ mit „Ich liebe Pavarotti".
   a. T-Shirt   b. Sweatshirt   c. Hemd
10. Das findet Jean Paul ganz _____ und er kauft es.
    a. gemütlich   b. toll   c. verrückt

C. Fragen und Antworten

1. Warum nimmt Jean Paul nicht die U-Bahn zur Staatsoper?
2. Was will er eigentlich dort?
3. Ist Jean Paul ein Pavarotti-Fan?
4. Warum hat der Verkäufer zuerst *(first)* keine Zeit für Jean Paul?
5. Ist der Verkäufer gut? Warum (nicht)?
6. Wer zeigt Jean Paul den Weg zur Staatsoper?
7. Liebt ihr auch Pavarotti?
8. Was oder wen findet ihr prima?
9. Geht ihr viel zu Fuß? Wenn ja, wohin?
10. Gibt es hier eine Fußgängerzone? Wenn ja, was gibt's da?

D. Vokabelspiel mit Verben *(One student silently says the alphabet to her/himself. Then someone else will say "Stop!" Wherever he/she happens to be in the alphabet, that will be the first letter of the German verbs that the others will try to name very quickly. How many verbs can you name?)*

Blickpunkt: Besuch in Österreich

Vor dem Sehen

Zum Erkennen

die Geborgenheit	*security*	der Komponist, -en	*composer*
(Zeit) verbringen	*to spend (time)*	der Walzerkönig	*king of waltz*
der Schriftsteller, -	*writer*	die Steiermark	*Styria*
der Künstler, -	*artist*	die enge Gasse, -n	*narrow little street*

E. Mal sehen!

1. Was zeigt ihr Freunden, wenn sie hier in die Stadt kommen?
2. Was besichtigt ihr?
3. Gibt es hier einen Fluss? Wenn ja, wie viele Brücken gehen über *(over)* den Fluss?
4. Wo liegt Österreich?
5. Welche Städte gibt es in Österreich? (Ohne Landkarte bitte!)
6. Liegen die Städte an *(at)* einem Fluss? Wenn ja, an welchem Fluss?

7. Kennt ihr *(do you know)* ein paar Speisen (Gerichte, Kuchen usw.) aus Österreich?
8. Welche Musik kommt aus Österreich?
9. Kennt ihr ein paar Komponisten, Künstler oder Schriftsteller aus Österreich?
10. Österreich hat Berge und Seen, aber was hat es nicht?

Nach dem Sehen

F. Richtig oder falsch?

_____ 1. Österreich ist nicht groß, aber es hat viel Geschichte und Kultur.
_____ 2. Das Video beginnt mit Innsbruck.
_____ 3. Herr Scheurer arbeitet in einem Restaurant in Innsbruck.
_____ 4. Im Wiener Kaffeehaus kann man stundenlang gemütlich sitzen, ohne viel zu bestellen.
_____ 5. Das Kaffeehaus hat Tradition.
_____ 6. Hier sieht man nicht nur Studenten, sondern manchmal auch Wiener Künstler und Schriftsteller.
_____ 7. Manche *(some)* Leute bekommen auch ihre Post *(mail)* dorthin geschickt und lesen sie dann da.
_____ 8. Leider gibt es im Kaffeehaus nur Kaffee, keinen Kuchen und keine Plätzchen.
_____ 9. Kuchen gibt es nur im Café.
_____10. Tee gibt es nur im Restaurant.

G. Fragen und Antworten

1. Was ist jedes Jahr im Februar in Wien?
2. Was kann man in der Spanischen Reitschule sehen?
3. Welche Farbe haben die Pferde *(horses)*, wenn sie klein sind?
4. Wann kommen sie von der Steiermark nach Wien?
5. Was kann man in Wien stundenlang tun?
6. Was kann man nehmen, wenn man nicht laufen will?
7. Wie heißen die Wiener Kutschen *(carriages)*?
8. Wo kann man gemütlich Wein trinken?
9. Für welche Musik ist Wien bekannt?
10. Welche Künstler, Komponisten oder Schriftsteller haben in Wien gelebt?
11. Wie heißt die Hauptstadt von Österreich?
12. Österreich hat viele Nachbarn. Wie heißen sie?

H. Wenn du mich fragst, . . . Und du?

1. Ich finde Wien . . .
2. Wenn ich einmal in Wien bin, möchte ich . . . sehen. (Drei Beispiele bitte!)
3. Dann gehe ich auch ins . . . und bestelle mir . . .
4. Wenn ich nicht mehr laufen will, nehme ich . . .
5. Wenn ich Zeit habe, fahre ich auch nach . . .
6. Mir gefällt Österreich, weil . . .

I. Genau gesehen *(A closer look. Mark all the things from the list that you saw in the video. What wasn't there? Compare your results with a classmate's list.)*

Bahnhof		Gondel		Opernball
Berge		Hundertwasserhaus		Post
Bibliothek		Kutsche		Riesenrad
Burgtheater		Lipizzaner		Schloss
Denkmal		Meer		Stefansdom
Geschäftsschilder		Oper		Theaterstück

Man sieht alles, außer . . .

J. Kulturell gesehen *(Mention a few things that struck you as being culturally different from your own country in this video. This can be in English.)*

Kapitel 6

Wohnen

Zum Hören

Gespräche + Wortschatz

CD 3, Track 9

A. Wohnung zu vermieten. Hören Sie zu und wiederholen Sie!

INGE	Hallo, mein Name ist Inge Moser. Ich habe gehört, dass Sie eine Zweizimmerwohnung zu vermieten haben. Stimmt das?
VERMIETER	Ja, in der Nähe vom Dom.
INGE	Wie alt ist die Wohnung?
VERMIETER	Ziemlich alt, aber sie ist renoviert und schön groß und hell. Sie hat sogar einen Balkon.
INGE	In welchem Stock liegt sie?
VERMIETER	Im dritten Stock.
INGE	Ist sie möbliert oder unmöbliert?
VERMIETER	Unmöbliert.
INGE	Und was kostet die Wohnung?
VERMIETER	550 Euro.
INGE	Ist das kalt oder warm?
VERMIETER	Kalt.
INGE	Oh, das ist ein bisschen zu teuer. Vielen Dank! Auf Wiederhören!
VERMIETER	Auf Wiederhören!

B. In der WG (Wohngemeinschaft). Hören Sie zu und spielen Sie dann Inges Rolle.

INGE	Euer Haus gefällt mir!
HORST	Wir haben noch Platz für dich. Komm, ich zeige dir alles! . . . Hier links ist unsere Küche. Sie ist klein, aber praktisch.
INGE	Wer kocht?
HORST	Wir alle: Jens, Gisela, Renate und ich.
INGE	Und das ist das Wohnzimmer?
HORST	Ja. Es ist ein bisschen dunkel, aber das ist O.K.
INGE	Eure Sessel gefallen mir.
HORST	Sie sind alt, aber echt bequem. Oben sind dann vier Schlafzimmer und das Bad.
INGE	Nur ein Bad?

HORST   Ja, leider! Aber hier unten ist noch eine Toilette.
INGE   Was bezahlt ihr im Monat?
HORST   Jeder 200 Euro.
INGE   Nicht schlecht! Und wie kommst du zur Uni?
HORST   Kein Problem. Ich gehe zu Fuß.
INGE   Klingt gut!

C. Was stimmt? Sie hören vier Fragen über *(about)* den Dialog. Welche Antwort ist richtig?

1. Warum kann Inge die Wohnung am Dom nicht nehmen?
   a. Sie ist ziemlich alt.
   b. Sie ist schön groß und hell.
   c. Sie ist unmöbliert.
   d. Sie kostet zu viel.

2. Wie viele Leute wohnen in der WG?
   a. Jens, Gisela, Renate und Horst
   b. Inge
   c. der Vermieter
   d. acht Studenten

3. Wie viele Schlafzimmer hat das Haus?
   a. eins
   b. vier
   c. 200
   d. viele

4. Wie sind die Sessel?
   a. klein, aber praktisch
   b. ein bisschen dunkel
   c. schön groß und hell
   d. alt, aber sehr bequem

Aussprache: ei, au, eu, äu *(Pronunciation Guide II. 37–39)*

CD 3, Track 10

A. Laute. Hören Sie zu und wiederholen Sie!

1. [ai]   w**ei**t, l**ei**der, **ei**gentlich, z**ei**gen, f**ei**ern, bl**ei**ben
2. [au]   **au**f, bl**au**grau, B**au**m, K**au**fhaus, br**au**chen, l**au**fen
3. [oi]   **eu**ch, h**eu**te, t**eu**er, L**eu**te, Fr**eu**nde, H**äu**ser, B**äu**me

B. Wortpaare. Hören Sie zu und wiederholen Sie!

1. *by* / bei   3. *mouse* / Maus   5. aus / Eis
2. *Troy* / treu   4. Haus / Häuser   6. euer / Eier

Was hören Sie jetzt?   ....

Struktur

CD 3, Track 11

6.1 Two- way prepositions

A. *Wo* oder *wohin*? Ersetzen Sie die Präposition!

1. Die Jungen spielen vor dem Haus. (an / See)
   Die Jungen spielen am See.
   ....

2. Stellen Sie das Fahrrad vor das Haus! (in / Garage)
   Stellen Sie das Fahrrad in die Garage!
   ....

B. In der Stadtmitte oder zu Hause. Antworten Sie mit der neuen Präposition!

1. Wo ist die Bank? (neben / Hotel)
   Neben dem Hotel.
   ....

2. Wohin sollen wir die Kommode stellen? (in / Schlafzimmer)
   Ins Schlafzimmer!
   ....

6.2 Imperatives

C. Wünsche und Befehle. Bilden Sie den Imperativ!

1. Sagen Sie Frau Meier, was sie tun soll! (gut schlafen)
   Schlafen Sie gut!
   ....

2. Sagen Sie Detlef, was er tun soll! (Deutsch sprechen)
   Sprich Deutsch!
   ....

6.3 *Wissen* versus *kennen*

D. Wer weiß? Ersetzen Sie das Subjekt!

Sie wissen die Antwort. (er)
Er weiß die Antwort.

....

E. Ich weiß, dass . . . Antworten Sie mit **Nein, aber ich weiß** . . . und ersetzen Sie das Pronomen!

Kennst du Jutta? (interessant)
Nein, aber ich weiß, dass sie interessant ist.

....

Einblicke

CD 3, Track 12

Schaffen, sparen, Häuschen bauen

....

Web-Ecke

- For further listening and comprehension practice, visit the *Wie geht's?* Web site at **http://www.heinle.com**, where while looking at a picture *(Beate in Freiburg)*, you are asked to decide on the correctness of various statements that follow. There is also a short dictation with sample sentences from the reading text of Chapter 6.

Zum Schreiben

A. Erweitern Sie Ihren Wortschatz! *(For each of the words below, put a stress mark (') at the end of the stressed syllable. [If you don't remember, look the word up in the end vocabulary of your textbook.])*

German and English share in the large international vocabulary based primarily on Greek and Latin.

1. Atmosphäre
2. Biologie
3. Bibliothek
4. Dialekt
5. Information
6. Konsulat
7. Medizin

8. Museum
9. Republik
10. Theater
11. Universität
12. Zentrum
13. diskutieren
14. reservieren

15. studieren
16. demokratisch
17. interessant
18. privat
19. supermodern
20. typisch

B. Reisepläne. Bilden Sie ganze Sätze!

1. wohin / ihr / fahren / Sommer?

   _____

2. ich / fahren / in / Schweiz // weil / mein Bruder / leben / in / Schweiz

   _____

   _____

3. wir / können / schwimmen / in / See / oder / gehen / in Wald

   _____

4. Sie / kennen / Hermann?

   _____

5. Sie / wissen // wo / er / arbeiten?

   _____

6. ich / glauben // in / Geschäft / zwischen / Drogerie / und Supermarkt

   _____

   _____

   _____

C. Wohin? Auf Deutsch bitte!

1. _Put_ (formal) _the plates in the kitchen._

   _____

2. _Put_ (pl. fam.) _the carpet in the living room._

   _____

3. _Where am I supposed to hang the picture?_

   _____

4. _I don't know. Hang_ (sg. fam.) _it over the sofa._

   _____

5. _Where is the bathroom? Go_ (formal) _into the hallway. It's next to the bedroom._

   _____

D. Wohnungssuche. *(Read through the rental ads and then write your own.)*

Holger (24) sucht WG-Zimmer, bis € 225,– warm, ab. 15.12. Tel.: 29 88 23.	Mein Hund und ich (27) suchen ein Zuhause zum 1.12., hell, ruhig, mit Garten. Tel.: 43 56 91.
Suche 2-Zimmer, Küche, Bad, möglichst zentral und billig. Steffi: 86 29 58.	Paar (Nichtraucher) sucht 3–4 Zimmerwohnung, U-Bahn-Nähe, sind so gut wie nie da, zahlen pünktlich unsre Miete. Tel.: 59 52 21.
Studentin (23) sucht ruhiges Zimmer oder Wohnung, max. € 200,– zum 15.11. Tel.: 72 35 55 (ab 17 Uhr).	Familie mit 3 Kindern sucht Haus oder Wohnung, mindestens 4 1/2 Zimmer, zu mieten, Balkon oder Garten. Tel.: 83 32 48.

_____

_____

_____

E. Bei Familie Schütz. *(Look at the photo, then complete the statements on the next page.)*

1. Familie Schütz sitzt _____ Wohnzimmer. 2. Vater Schütz sitzt

_____ Sessel und hält eine Zeitung (*newspaper*) _____ Hand.

3. Er hat keine Schuhe _____ Füßen. 4. Frau Schütz sitzt _____

Sofa _____ Lampe und spricht mit den drei Kindern. 5. Die Kinder sitzen

gemütlich _____ Sofa und sehen _____ Buch an. 6. Arndt hat

einen Fuß _____ Tisch und sitzt _____ Schwester und

_____ Bruder. 7. _____ Sofa sieht man ein Fenster mit Blumen.

8. _____ Schrank _____ Wand ist ein Bücherregal.

F. Wie geht's weiter?

1. Zimmer / Wohnung zu vermieten

   You have decided to rent out the place you are currently living in because you will be in a foreign studies program for a year. Write a newspaper ad in German to advertise it in the most appealing way.

   _____

   _____

   _____

2. Mein Traumhaus

   What is your dream house? If you had all the money in the world, what would the real estate ad say so that you would be compelled to respond to it instantly? Write a German ad for your dream house.

   _____

   _____

   _____

   _____

Viktor fährt mit seinem Fahrrad nach Hause.

Video-aktiv

Minidrama: Kein Zimmer für Studenten

Vor dem Sehen

Zum Erkennen

Na, dann auf!	*Well, let's go!*	der Elektroherd, -e	*electric range*
daheim	*at home*	der Strom	*electricity*
teilmöbliert	*partly furnished*	die Nebenkosten (*pl.*)	*other costs*
der Flohmarkt, ¨e	*fleamarket*	die Kochnische, -n	*kitchenette*
Überleg doch mal!	*Just think!*	der Eingang, ¨e	*entrance*

A. Mal sehen!

1. Wo wohnt ihr?
2. Wie gefällt es euch dort?
3. Wohnt ihr allein (*alone*) oder habt ihr Zimmerkollegen?
4. Was bezahlt ihr im Monat?
5. Ist das kalt oder warm?
6. Wie weit ist es zur Uni?
7. Geht ihr zu Fuß oder wie kommt ihr zur Uni?
8. Ist da in der Nähe ein Supermarkt?
9. Wie weit ist es zur Bibliothek?
10. Was gibt es noch in der Nähe?

Nach dem Sehen

B. Was stimmt?

_____ 1. Martin und Günther suchen ein Haus.
_____ 2. In der Zeitung finden sie viel zu viele Wohnungen. Sie wissen nicht, welche sie nehmen sollen.
_____ 3. Da gibt es ein Studioapartment mit zwei Schlafzimmern.
_____ 4. Es liegt im 1. Stock und hat einen Balkon.
_____ 5. Martin gefällt das Apartment, weil es viel Platz hat.
_____ 6. Günther gefällt es nicht, weil es nur teilmöbliert ist.
_____ 7. Teilmöbliert bedeutet keine Möbel und keine Lampen.
_____ 8. Es hat keine Möbel, aber ein Telefon.
_____ 9. Martin denkt, dass er Möbel von den Eltern bekommen kann.
_____ 10. Für Günther ist das Apartment einfach zu teuer.

C. Fragen und Antworten

1. Ist das Studioapartment in der Stadt oder auf dem Land? Was denkt ihr?
2. Warum braucht Martin so viel Platz?
3. Warum ist Günther so pessimistisch?
4. Was haben wir hier gewöhnlich in einer Küche?
5. Was hat die Küche in dem Studioapartment?
6. Wo liegt die zweite Wohnung?
7. Was gefällt Martin und Günther an der Wohnung?
8. Warum mieten sie die Wohnung nicht? Was denkt ihr?

D. Wenn du mich fragst, ... Und du?

1. Ich wohne ...
2. Mein Zimmer / meine Wohnung liegt ...
3. Das Schlafzimmer hat ...
4. Das Wohnzimmer hat ...
5. Im Bad gibt es ein(e) ...
6. Ich wohne da seit ...
7. Mir gefällt es ..., weil ...

Blickpunkt: Bei Viktor zu Hause

Vor dem Sehen

Zum Erkennen

der Radweg, -e	*bike trail*	die Querflöte, -n	*flute*
der Bürgersteig, -e	*sidewalk*	das Abendbrot	*evening meal*
die Harfe, -n	*harp*		

E. Mal sehen!

1. Habt ihr ein Fahrrad? Fahrt ihr viel mit dem Fahrrad?
2. Gibt es hier Fahrradwege?
3. Gibt es hier eine U-Bahn, eine Straßenbahn oder einen Bus?
4. Fahrt ihr viel mit dem Bus?
5. Gehen hier viele Leute zu Fuß?
6. Gibt es Bürgersteige für Fußgänger?
7. Wo kann man hier schön spazieren gehen oder bummeln?
8. Hier fahren viele Leute mit dem Auto. Wie geht man hier einkaufen, wenn man nicht mehr Auto fahren kann?

Nach dem Sehen

F. Was stimmt?

1. Viktor wohnt in Berlin-Zehlendorf. Wenn er in die Stadt will, fährt er mit _____ zur U-Bahnstation.
   a. dem Bus   b. der Straßenbahn   c. dem Fahrrad
2. Im Video kommt Viktor gerade aus der U-Bahnstation und fährt dann mit dem Fahrrad _____ Hause.
   a. zu   b. nach
3. Das ist nicht weit. Sein Freund Matthias wohnt _____.
   a. ganz in der Nähe   b. gegenüber   c. immer geradeaus
4. Die Straße, wo er wohnt, ist relativ klein und die Autos parken _____.
   a. links und rechts auf der Straße   b. überall   c. in Garagen
5. Viktor geht ins Haus und macht _____ zu (*closes*).
   a. das Fenster   b. den Flur   c. die Tür
6. Der Vater ist _____ und sagt, dass das Essen in ein paar Minuten fertig ist.
   a. im Badezimmer   b. in der Küche   c. im Keller
7. Viktor nennt ihn _____.
   a. Vater   b. Vati   c. Papa
8. Im _____ sehen wir einen Bruder und eine Schwester.
   a. Wohnzimmer   b. Musikzimmer   c. Kinderzimmer
9. Der Bruder spielt Querflöte und die Schwester _____.
   a. Klavier   b. Gitarre   c. Harfe
10. Dann sehen wir den Bruder, wie er mit seinem CD-Spieler _____ sitzt.
    a. auf dem Bett   b. in der Badewanne   c. auf dem Balkon

G. Fragen und Antworten

1. Welche Farbe haben die Küchenschränke?
2. Wer sitzt im Wohnzimmer mit der Mutter auf dem Sofa?
3. Was für Möbel stehen im Wohnzimmer?
4. Wie gefällt euch das Wohnzimmer?
5. Welches Zimmer ist oben unterm Dach?
6. Was gibt es da?
7. Wie findet Viktor das Zimmer? Wie findet ihr es?
8. Wohin gehen sie alle zum Abendessen?
9. Was gibt's zu essen?
10. Wie viele Geschwister hat Viktor?

H. Wenn du mich fragst, . . . Und du?

1. Wenn man bei uns ins Haus / in die Wohnung kommt, kommt man zuerst (first) in . . .
2. Bei uns ist die Küche . . . neben der Eingangstür, sondern . . .
3. Die Küchenschränke sind . . .
4. In meinem Zimmer gibt es . . .
5. Im Wohnzimmer gibt es . . .
6. Wenn wir essen, essen wir gewöhnlich in der/im . . .
7. Abends essen wir gewöhnlich . . .
8. Ich habe . . . Bruder und . . . Schwester. (Sie heißen . . .)

I. Genau gesehen (A closer look. Mark all the things from the list that you saw in the video. What wasn't there? Compare your results with a classmate's list.)

Apotheke	Haltestelle	Schreibtisch
Badewanne	Keller	Sessel
Fernseher	Kommode	Stühle
Betten	Kühlschrank	Telefon
Blumen	Radio	Tische
Bus	Regale	U-Bahn

Man sieht alles, außer . . .

J. Kulturell gesehen (Mention a few things that struck you as being culturally different from your own country in this video. This can be in English.)

Kapitel ⑦

Auf der Bank und im Hotel

Zum Hören

Gespräche + Wortschatz

CD 4, Track 1

A. Auf der Bank. Hören Sie zu und wiederholen Sie!

TOURISTIN	Guten Tag! Können Sie mir sagen, wo ich Geld umtauschen kann?
ANGESTELLTE	Am Schalter 1.
TOURISTIN	Vielen Dank! *(Sie geht zum Schalter 1.)* Guten Tag! Ich möchte Dollar in Euro umtauschen. Hier sind meine Reiseschecks.
ANGESTELLTE	Darf ich bitte Ihren Pass sehen?
TOURISTIN	Hier.
ANGESTELLTE	Unterschreiben Sie bitte hier, dann gehen Sie dort zur Kasse! Da bekommen Sie Ihr Geld.
TOURISTIN	Danke! *(Sie geht zur Kasse.)*
KASSIERER	324 Euro 63: einhundert, zweihundert, dreihundert, zehn, zwanzig, vierundzwanzig Euro und dreiundsechzig Cent.
TOURISTIN	Danke! Auf Wiedersehen!

B. An der Rezeption im Hotel. Hören Sie zu und lesen Sie dann die Rolle vom Gast!

EMPFANGSDAME	Guten Abend!
GAST	Guten Abend! Haben Sie ein Einzelzimmer frei?
EMPFANGSDAME	Für wie lange?
GAST	Für zwei oder drei Nächte; wenn möglich ruhig und mit Bad.
EMPFANGSDAME	Leider haben wir heute nur noch ein Doppelzimmer, und das nur für eine Nacht. Aber morgen wird ein Einzelzimmer frei. Wollen Sie das Doppelzimmer sehen?
GAST	Ja, gern.
EMPFANGSDAME	Zimmer Nummer 12, im ersten Stock rechts. Hier ist der Schlüssel.

GAST	Sagen Sie, kann ich meinen Koffer einen Moment hier lassen?
EMPFANGSDAME	Ja, natürlich. Stellen Sie ihn da drüben in die Ecke!
GAST	Danke! Noch etwas, wann machen Sie abends zu?
EMPFANGSDAME	Um 24.00 Uhr. Wenn Sie später kommen, müssen Sie klingeln.

C. Richtig oder falsch? Sie hören sechs Sätze. Stimmt das?

1. richtig   falsch   4. richtig   falsch
2. richtig   falsch   5. richtig   falsch
3. richtig   falsch   6. richtig   falsch

Aussprache: ie, ei *(Pronunciation Guide II. 37, 40–41)*

CD 4, Track 2

A. Laute. Hören Sie zu und wiederholen Sie!

1. [ei] s**ei**t, w**ei**ßt, bl**ei**bst, l**ei**der, fr**ei**, **Rai**ner, **Mey**er, **Bay**ern
2. [ie] w**ie**, w**ie** v**ie**l, n**ie**, l**ie**ben, l**ie**gen, m**ie**ten, l**ie**s, s**ie**h, D**ie**nstag
3. viell**ei**cht, B**ei**spiel, bl**ei**ben / bl**ie**ben, h**ei**ßen / h**ie**ßen, **Wie**n / **Wei**n, **Wie**se / w**ei**ß

B. Wortpaare. Hören Sie zu und wiederholen Sie!

1. See / Sie   3. biete / bitte   5. leider / Lieder
2. beten / bieten   4. Miete / Mitte   6. Mais / mies
Was hören Sie jetzt? ……   ……   ……   ……   ……   ……

Struktur

CD 4, Track 3

Formal time

A. Wie spät ist es? Lesen Sie die Uhrzeiten laut!

BEISPIEL: 22.10 Uhr
               Es ist zweiundzwanzig Uhr zehn.

13.35 Uhr / 4.28 Uhr / 9.15 Uhr / 16.50 Uhr / 19.45 Uhr / 12.12 Uhr

7.1 *Der-* and *ein-* words

B. Meins oder deins *(mine or yours)*? Ersetzen Sie den Artikel!

1. dieser Ausweis *(every)*
   jeder Ausweis

   ……   ……   ……   ……   ……

2. in meiner Tasche *(her)*
   in ihrer Tasche

   ……   ……   ……   ……   ……

C. Das Gepäck. Beantworten Sie die Fragen!

1. In welchem Zimmer ist das Gepäck? (sein)
   In seinem Zimmer.

   ……   ……   ……   ……   ……

2. Trägst du keinen Koffer? (ihr)
   Doch, ich trage ihren Koffer.

   ……   ……   ……   ……   ……

7.2 Separable-prefix verbs

D. Wer geht heute aus? Ersetzen Sie das Subjekt!

Robert geht heute aus. (ich)
Ich gehe heute aus.

······   ······   ······   ······

E. Hans' Stundenplan. Ersetzen Sie das Verb!

1. Wann steht Hans auf? (ankommen)
   Wann kommt Hans an?

   ······   ······   ······   ······

2. Ich weiß, dass du heute ausgehst. (abfahren)
   Ich weiß, dass du heute abfährst.

   ······   ······   ······   ······

F. Was soll ich machen? Antworten Sie mit **ja!**

Soll ich den Scheck einlösen?
Ja, lös den Scheck ein!

······   ······   ······   ······   ······   ······

Einblicke

CD 4, Track 4

Übernachtungsmöglichkeiten

···

Web-Ecke

- For further listening and comprehension practice, visit the ***Wie geht's?*** Web site at **http://www.heinle.com**, where you can find a brief passage about a family's favorite vacation spot *(Im Hotel)* and a short dictation with sample sentences from the reading text of Chapter 7.

Zum Schreiben

A. Erweitern Sie Ihren Wortschatz!

> The first element in a compound noun is not always a noun, but may be a verb or an adjective.

1. Bilden Sie Hauptwörter! Geben Sie die Artikel und die Pluralformen! Was bedeuten die Wörter auf Englisch?

Wer spart, kann große Sprünge machen.

BfG: Die Bank für Gemeinwirtschaft.

BEISPIEL: essen + Zimmer   **das Esszimmer, -** = *dining room*
baden + Zimmer   **das Badezimmer, -** = *bathroom*

a. reisen + Wetter   _____

b. duschen + Vorhang   _____

c. kaufen + Haus   _____

d. kochen + Buch   _____

e. lesen + Ecke   _____

f. liegen + Stuhl   _____

g. parken + Platz   _____

h. tanzen + Stunde   _____

i. tragen + Tasche   _____

j. wechseln + Geld   _____

2. **Welches Adjektiv ist in dem Wort?** Was bedeutet das auf Englisch? *(Draw a line between the adjective and the noun. Then find the English equivalent of the compound.)*

BEISPIEL: Schwarz/wald   ***Black Forest***

breakfast
change
express route
leisure time
marinated pot roast
old (part of the) town
prefabricated house
refrigerator
regular mail
white bread

a. Altstadt   _____

b. Fertighaus   _____

c. Freizeit   _____

d. Frühstück   _____

e. Kleingeld   _____

f. Kühlschrank   _____

g. Normalpost   _____

h. Sauerbraten   _____

i. Schnellweg   _____

j. Weißbrot   _____

© Heinle

B. Wie spät ist es jetzt dort? Sehen Sie auf die Karte!

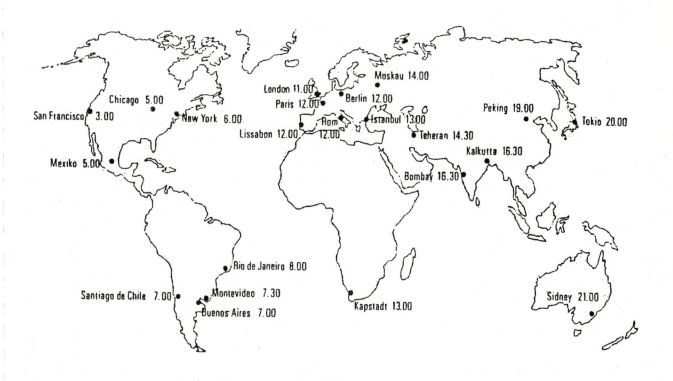

1. Wenn es in Berlin zwölf Uhr ist, wie spät ist es dann in . . . ?
   a. Mexiko: _____   c. Kapstadt: _____   e. Tokio: _____
   b. New York: _____   d. Kalkutta: _____   f. Sidney: _____

2. Wo ist es so spät wie in Berlin?

   _____   _____   _____

3. Wie viele Stunden später ist es in . . . ?
   a. Istanbul: _____   b. Moskau: _____   c. Peking: _____

4. Wie viele Stunden früher *(earlier)* ist es in . . . ?
   a. Chicago: _____   c. Rio de Janeiro: _____
   b. San Franzisko: _____   d. Santiago de Chile: _____

C. Reisevorpläne. Bilden Sie ganze Sätze!

1. Karl // bitte aufschreiben / dein / Hausnummer!
   ich / wollen vorbeibringen / morgen / mein / Scheck

   _____

   _____

2. ihr / ausgehen / heute?
   ja // wir / wollen / besuchen / unser / Freunde

   _____

   _____

3. in / welch- / Hotel / wir / übernachten?
   in / Pension / gegenüber von / Bahnhof

   _____

   _____

4. wissen / du // wann / Geschäft / aufmachen?
   dies- / Geschäft / aufmachen / 10 Uhr

   _____

   _____

5. ich / mögen / bezahlen / mein / Rechnung
   hier / sein / mein / Reisescheck

   _____

   _____

6. dürfen / ich / sehen / Ihr / Ausweis / oder / Ihr / Pass?

   _____

   _____

D. Am Bankautomaten. Was fehlt?

1. Auf dies_____ Bild sehen

wir ein paar Leute vor ein_____

Bankautomaten *(m.)*. 2. Die

Dame links geht an d_____

Automaten vorbei. 3. Die zwei

Frauen neben dies_____ Dame

haben ihr_____ Geld schon

bekommen, denn die eine hat

ihr_____ Portemonnaie *(n.)* noch

in d_____ Hand. 4. Ein Mann mit

ein_____ Mantel steht gerade an d_____ Automaten und bekommt wohl sein_____ Geld. 5. Die

© *Heinle*

Dame hinter d_____ Mann muss warten *(wait)*. 6. Wie wir wissen, ist dies_____ Automat Tag

und Nacht offen. 7. So ein_____ Automat ist sehr praktisch, denn Zeit ist ja auch Geld.

8. Solch_____ Automaten gibt es heute in jed_____ Stadt. 9. Das heißt aber nicht, dass

all_____ Leute sie benutzen *(use)*. 10. Manch_____ Leute gehen einfach gern in d_____ Bank an

ein_____ Schalter.

E. Im Hotel. Auf Deutsch bitte!

1. *Shall I bring your* (sg. fam.) *luggage to (in) your room?*

_____

2. *For which door is this key?*

_____

3. *Is it for all doors, also for this entrance?*

_____

4. *Do you* (pl. fam.) *know your room number?*

_____

5. *We're taking our keys along because some hotels close at 11 o'clock.*

_____

F. Was tun? *(You're traveling during summer vacation and have run into a problem with accommodations. React to the information given with different expressions of disbelief, such as the ones below.)*

Ach du liebes bisschen!	Du bist wohl verrückt!
Das gibt's doch nicht!	Nein danke!
Das glaube ich nicht.	Quatsch!
Das kann doch nicht wahr sein!	Vielleicht du, aber ich nicht.
Du bist lustig.	Wenn's sein muss.

BEATE   Du, die Jugendherberge ist diese Woche geschlossen.

SIE   _____

BEATE   Ich habe überall gefragt, aber es gibt kein Hotelzimmer und kein
Gästezimmer mehr.

SIE   _____

BEATE   Vielleicht müssen wir im Park schlafen.

SIE   _____

BEATE   Sollen wir einfach wieder nach Hause fahren?

SIE   _____

BEATE   Oder wir fahren in der Nacht mit dem Zug *(train)* irgendwohin und sind am Morgen wieder hier.

SIE   _____

BEATE   Nein, nein, nein! Zu allem sagst du nein. Vielleicht können wir bei der Polizei schlafen.

SIE   _____

BEATE   Du, ich glaube ich habe mein Portemonnaie in der Telefonzelle gelassen *(left)*.

SIE   _____

G. Kreuzworträtsel. Ergänzen Sie *(complete)* das Kreuzworträtsel auf Deutsch!

Horizontal: 1. *her* 3. *you* 4. *cash* 7. *my* (attr. pl.) 9. *only* 11. *he* 12. *guest* 14. *around* 15. *to go swimming* 17. *ice cream* 19. *into* 21. *trip* 23. *and* 25. *free* 26. *cold* 27. *counter* 29. *almost* 30. *night* 34. *off* (prefix) 35. *couch* 36. *entrance* 38. *it* 39. *with* 43. *to change* 46. *your* (pl. fam.) 50. *banks* 51. *after* 52. *red* 53. *closed* 54. *our* 55. *egg*

Vertikal: 2. *not a* 3. *the* (m.) 5. *ID card* 6. *to the* 8. *new* 9. *number* 10. *one* (pronoun) 13. *lake* 15. *until* 16. *to cash* 18. *juice* 20. *exit* 22. *key* 24. *Sure I do.* 26. *suitcase* 28. *has* 31. *day* 32. *lamp* 33. *Thank you!* 40. *tea* 41. *bed* 42. *the* (n.) 44. *are* 45. *near* 47. *watch* 48. *red*

H. Aufsatz: Was für ein Hotel! *(Write a paragraph of seven to nine sentences about a pleasant / unpleasant stay in some hotel or motel.)*

_____

_____

_____

_____

_____

_____

_____

_____

Video-aktiv

Herr Turner ist Tourist und sehr nervös.

Minidrama: Ihren Ausweis bitte!

Vor dem Sehen

Zum Erkennen

weg	*gone*	der Flug, ⸚e	*flight*
der Turm, ⸚e	*tower*	der Flughafen, ⸚	*airport*

A. Mal sehen!

1. Reist ihr viel?
2. Wann reist ihr gewöhnlich?
3. Fliegt ihr dann oder fahrt ihr mit dem Auto?
4. Was nehmt ihr mit, wenn ihr ans Meer *(ocean)* fahrt? Fünf bis acht Sachen *(things)* bitte!
5. Was nehmt ihr mit, wenn ihr in die Berge fahrt? Fünf bis acht Sachen bitte!
6. Wohin tut ihr die Sachen?
7. Wo übernachtet ihr gewöhnlich, wenn ihr reist?
8. Seid ihr schon mal im Ausland *(abroad)* gewesen? Wenn ja, wo? Wenn nein, wohin möchtet ihr gern mal reisen?
9. Was braucht man, wenn man nach Europa fliegt?
10. Braucht man einen Pass, wenn man von Deutschland nach Österreich oder Frankreich reisen will? Warum (nicht)?

Nach dem Sehen

B. Was stimmt?

1. Der Tourist ist an der Rezeption in _____.
   a. einem Hotel   b. einer Jugendherberge   c. einem Gasthof
2. Er möchte _____ umtauschen.
   a. Bargeld   b. einen Reisescheck   c. eine Kreditkarte
3. Wir wissen, dass er aus Amerika kommt, weil er _____ umtauschen will.
   a. Franken   b. Euros   c. Dollar
4. Wir wissen, dass er mit einem Taxi gekommen ist, weil der Taxifahrer _____.
   a. neben ihm steht   b. uns das sagt   c. die Dame fragt
5. Der Taxifahrer wartet auf (is waiting for) _____.
   a. sein Geld   b. seine Freundin   c. ein paar Gäste
6. Herr Turner kann sein _____ nicht finden.
   a. Adressbuch   b. Portemonnaie   c. Gepäck
7. Es ist in der _____ auf der Tasche.
   a. Jacke   b. Hose   c. Kasse
8. Auch seine(n) _____ und seine Flugkarte kann er nicht finden.
   a. Kreditkarte   b. Pass   c. Schlüssel
9. Er hat _____, denn der Taxifahrer bringt sie ihm.
   a. Glück   b. Pech   c. Spaß
10. Herr Turner ist sehr _____.
   a. müde   b. lustig   c. nervös

C. Fragen und Antworten

1. Warum ist Herr Turner so nervös? Was denkt ihr?
2. Glaubt ihr, dass er immer so ist?
3. Was möchte er für die Nacht?
4. Haben sie noch ein Zimmer für ihn? Wenn ja, wo ist es?
5. Wie soll dieses Zimmer sein?
6. Warum nimmt er es nicht?
7. Warum läuft er weg (away) und ruft ein Taxi?
8. Was hat er jetzt vergessen (did forget)?
9. Kommt er zurück?
10. Was sagt ihr euch (to yourself), wenn jemand so ist wie Herr Turner?

D. Verbinde die Wörter und ergänze (add) den Artikel!

1. das Taxi + der Fahrer = _____

2. der Flug + die Karte = _____

2. der Eingang + die Tür = _____

4. das Hotel + der Gast = _____

5. die Hand + das Gepäck = _____

6. der Wald + die Pension = _____

7. die Jugendherberge + der Ausweis = _____

8. die Reise + der Scheck + die Nummer = _____

9. der Turm + das Zimmer + das Fenster = _____

10. das Hotel + das Frühstück + die Bar = _____

Name _____ Datum _____ Kurs _____

Rückblick: Kapitel 4–7

I. Wortschatzwiederholung

A. Geben Sie das Gegenteil!

1. der Ausgang _____
2. der Tag _____
3. antworten _____
4. fahren _____
5. Glück haben _____
6. mieten _____
7. zumachen _____
8. alt _____
9. bequem _____
10. furchtbar _____

11. geöffnet _____
12. hell _____
13. hier _____
14. immer _____
15. leicht _____
16. links _____
17. ruhig _____
18. sauber _____
19. unten _____
20. weit _____

B. Was ist der Artikel und der Plural?

1. ___ Ausweis _____
2. ___ Bank _____
3. ___ Bibliothek _____
4. ___ Fest _____
5. ___ Garten _____
6. ___ Gast _____
7. ___ Gasthof _____
8. ___ Haus _____

9. ___ Lied _____
10. ___ Koffer _____
11. ___ Nacht _____
12. ___ Radio _____
13. ___ Reise _____
14. ___ Sessel _____
15. ___ Tasche _____
16. ___ Weg _____

C. Was passt? *(More than one response is possible)*

___ 1. Können Sie mir sagen, wo das Hotel ist?		a. An der Rezeption.
		b. Da drüben.
___ 2. Wie komme ich dorthin *(to it)*?		c. Das macht nichts.
		d. Das stimmt nicht.
___ 3. Wie lange dauert das?		e. Doch!
		f. Ein paar Minuten.
___ 4. Wo kann ich das Gepäck lassen?		g. Entschuldigen Sie!
		h. Fahren Sie immer geradeaus!
___ 5. Einen Moment! Das gehört mir!		j. In ein paar Minuten.
		k. Ja, gern.
___ 6. Wann machen Sie zu?		l. Ja, natürlich.
		m. Leider nicht.
___ 7. Wo ist das Zimmer?		n. Mit dem Bus.
		o. Neben dem Rathaus.
___ 8. Haben Sie kein Zimmer mit Bad?		p. Ich weiß nicht.
		q. Schade.
___ 9. Das Zimmer ist zu klein.		r. Sind Sie sicher?
		s. Um 23.00 Uhr.
___10. Nehmen Sie Reiseschecks an?		t. Wirklich?
		u. Zu Fuß!

II. Strukturwiederholung

D. *Wissen* oder *kennen*?

1. Ich möchte _____, für wen das Geschenk ist.

2. _____ du einen Herrn Mayerhofer?

3. _____ ihr eure Nachbarn nicht?

4. Nein, ich _____ sie nicht, aber ich _____, dass sie aus Österreich sind.

5. _____ du, wann sie zurückkommen sollen?

E. Geben Sie alle Imperative!

1. Tun wir die Milch in den Kühlschrank!

   _____

2. Stellen wir die Teller auf den Tisch!

   _____

3. Gehen wir ins Wohnzimmer!

   _____

4. Sprechen wir ein bisschen!

   _____

5. Lassen wir alles liegen und stehen!

   _____

6. Nehmen wir ein paar Gläser mit!

_____

7. Essen wir ein paar Kartoffelchips!

_____

8. Bleiben wir noch ein bisschen!

_____

9. Fahren wir später!

_____

F. Sagen Sie es im Perfekt!

1. Wohin geht ihr?—Wir fahren zum Museum.

_____

2. Was machst du heute?—Ich packe meinen Koffer.

_____

3. Wie feiert ihr seinen Geburtstag?—Wir überraschen ihn mit einer Party.

_____

4. Wie gefällt Ihnen die Landshuter Fürstenhochzeit?—Sie macht mir viel Spaß.

_____

5. Vermieten Sie die Wohnung?—Ja, eine Studentin nimmt sie.

_____

6. Weißt du, wo der Scheck ist?—Ja, er liegt auf dem Schreibtisch.

_____

7. Wie lange dauert die Party?—Sie ist um 12.00 Uhr vorbei.

_____

8. Wo sind Paula und Robert?—Sie kaufen ein.

_____

G. Verben und Personalpronomen. Variieren Sie die Sätze!

1. **Ihr dürft das Geschenk aufmachen.**
   May we open the present? We want to open it. I can't open it. He has to open it. Why am I not supposed to open it? Wouldn't you (3×) like to open it?

_____

_____

2. **Wir kommen morgen an.**
*I arrived yesterday. She's arriving today. When are they arriving? When did he arrive? Is he arriving, too? I know that they're not arriving tomorrow. They're supposed to arrive the day after tomorrow. Has she arrived yet (**schon**)?*

_____

_____

_____

3. **Ich frage sie.**
He's asking you (formal). She's asking him. Are they asking us? Yes, they are asking you (sg. fam.). We're asking you (pl. fam.). Don't (pl. fam.) ask them! Did you (sg. fam.) ask them? Weren't they asking you (sg. fam.)? Have you (pl. fam.) asked me?

_____

_____

_____

_____

4. **Mir gefällt dieses Museum.**
He likes our museum. Do you (formal) like this museum? They don't like their museum. Which museum do you (sg. fam.) like? I like such a museum. Why don't you (pl. fam.) like any museum? I never liked such museums. He likes every museum.

_____

_____

_____

_____

5. **Es tut mir Leid.**
She's sorry. He isn't sorry. Are you (3×) sorry? I was sorry. They were sorry.

_____

_____

H. Präpositionen. Bilden Sie Sätze wie in den Beispielen!

BEISPIEL: Wo ist der Koffer?   **An der Tür**
                Wohin soll ich den Koffer stellen?   **An die Tür!**

vor / Haus   _____   _____

in / Gästezimmer   _____   _____

© Heinle

neben / Sofa   _____   _____

hinter / Sessel   _____   _____

unter / Tisch   _____   _____

zwischen / Stuhl / und / Bett   _____   _____

BEISPIEL: Wohin soll ich das Messer legen?   **Auf den Tisch!**
                   Wo liegt das Messer?   **Auf dem Tisch!**

neben / Gabel   _____   _____

auf / Teller   _____   _____

in / Küche   _____   _____

in / Esszimmer   _____   _____

zwischen / Butter / und / Käse   _____   _____

I. Konjunktionen. Verbinden Sie die Sätze! *(Note that both coordinating and subordinating conjunctions are used.)*

1. Ich lerne Deutsch. Meine Großeltern sind aus Deutschland. *(because)*

   _____

2. Sie möchte wissen. Bist du schon einmal in Deutschland gewesen? *(whether)*

   _____

3. Ich sage (es) ihr. Ich bin im Sommer dort gewesen. *(that)*

   _____

4. Ich möchte gern wieder einmal nach Deutschland. So eine Reise ist nicht billig. *(but)*

   _____

5. Braucht man Hotelreservierungen? Man fährt nach Deutschland. *(when)*

   _____

6. *(although)* Man braucht keine Reservierung. Es hat manchmal lange gedauert, bis ich ein Zimmer gefunden habe.

   _____

7. Einmal habe ich bei einer Kusine übernachtet. Eine Nacht habe ich im Zug *(train)* geschlafen. *(and)*

   _____

8. Man muss alles gut planen. Man möchte nach Deutschland fahren. *(if)*

   _____

J. *Sondern* oder *aber*?

1. Momentan habe ich kein Kleingeld, _____ später gehe ich zur Bank.

2. Die Bank ist um diese Zeit geschlossen, _____ sie macht in einer Stunde auf.

3. Wir möchten nicht in die Stadt gehen, _____ hier bleiben.

4. In der Stadt kann man viel sehen, _____ wir haben schon alles gesehen.

5. Das bedeutet nicht, dass die Stadt mir nicht gefällt, _____ es bedeutet nur, dass ich müde bin.

K. Was fehlt?

1. _____ Wochenende fahren Silvia und Jim _____ Auto
       on the   *by*

_____ Land. Dort wollen sie ein Picknick machen. 2. Sie halten
to the

_____ Städtchen und gehen dann zu Fuß _____ Feldweg
in a   *on a*

_____ Wald. 3. Sie bummeln gemütlich _____ Wald und
into the   *through the*

kommen _____ See. 4. Jim stellt das Essen _____ Baum, weil er
          to a   *under a*

und Silvia _____ See baden wollen. 5. Aber was sehen sie, als *(when)* sie
              in the

wieder _____ Wasser kommen? Ameisen *(ants)*, viele Ameisen! 6. Sie sind
       out of the

überall: _____ Brötchen *(pl.)*, _____ Käse, _____
     between the   *under the*   *on the*

Butter, _____ Kuchen und _____ Limonade. 7. Nicht nur das!
     behind the   *in the*

Jetzt krabbeln *(crawl)* sie auch noch _____ Kleidung: _____
                          into the   *onto the*

Bluse, _____ Hosenbeine *(pl.)* und _____ Rock! Einfach
     between the   *under the*

furchtbar! 8. Da läuft Silvia _____ Kleidung zurück _____
                        with the   *to the*

See und schüttelt *(shakes)* die Ameisen _____ Wasser. 9. Weg *(away)*
                          into the

_____ Ameisen! 10. Jim fischt die Ameisen _____ Brötchen *(pl.)*,
with the   *out of the*

_____ Butter, _____ Kuchen und _____ Limonade.
out of the   *out of the*   *out of the*

Wie schön! Guten Appetit!

L. Was ist richtig?

1. Ach, das tut _____ furchtbar Leid.
   a. ich b. mich c. mir d. mein

2. Wie gefällt es _____ hier?
   a. Sie b. Ihnen c. Ihren d. Ihr

3. Wo ist der Park? Können Sie _____ zeigen?
   a. mich er b. ihn mich c. ihn mir d. mir ihn

4. Die Tür ist zu. Bitte öffnen Sie _____!
   a. sie mich b. mir sie c. sie mir d. mich sie

5. Wir wollen am Wochenende _____ Land fahren.
   a. auf dem b. aufs c. ins d. im

6. Wo ist der Kellner? Ich kann _____ nicht sehen.
   a. er b. ihn c. ihm d. ihr

7. Wir fahren nicht mit dem Bus, _____ wir gehen zu Fuß.
   a. aber b. sondern

8. Die Prüfung ist nicht lang, _____ sie ist schwer.
   a. aber b. sondern

9. Stell doch das Auto in _____ Garage!
   a. die b. der

10. Den Wein findet ihr in _____ Kühlschrank!
    a. den b. dem

11. Häng die Mäntel in _____ Schrank!
    a. den b. dem

12. Gehen Sie an _____ Tafel!
    a. die b. der

13. _____ hält der Bus?
    a. wo b. woher c. wohin

14. _____ läufst du denn so schnell?
    a. wo b. woher c. wohin

15. An _____ Haltestelle müssen wir aussteigen?
    a. welche b. welchen c. welcher d. welchem

16. Geht ihr heute Abend _____?
    a. ab b. aus c. ein d. zu

17. Wer _____ mitkommen?
    a. können b. kann c. könnt d. kannst

18. _____ Oskar auf die Party mit!
    a. nehme b. nimm c. nimmt d. nehmen

19. Gefallen _____ die Sessel nicht?
    a. dir b. ihn c. sie d. du

20. _____ du die Fenster zugemacht?
    a. hast b. bist

21. _____ Rita schon zurückgekommen?
    a. hat b. ist

22. Wer _____, wo Erika ist?
    a. wisse b. wisst c. weißt d. weiß

23. Gerda sitzt zwischen _____ Vater und _____ Mutter.
    a. ihren / ihre b. ihrem / ihrer c. ihr / ihre d. ihrem / ihren

24. Wer kann _____ helfen?
    a. mich b. mir c. mein d. ich

25. _____ soll ich helfen?
    a. wer b. wen c. was d. wem

M. Auf Deutsch bitte! *(Unless you are instructed otherwise, use plural familiar forms in this exercise.)*

1. *How do you like your rooms?*

   _____

2. *I like my room.*

   _____

3. *One can see not only the city, but also the lake.*

   _____

4. *Do you know that my room has even a TV?*

   _____

5. *Which room do you* (sg. fam.) *have?*

   _____

6. *Look* (sg. fam.) *over there, the room next to the entrance.*

   _____

7. *What are we doing now?*

   _____

8. *Nothing. I have to talk with your father.*

   _____

9. *And you must go to* (**ins**) *bed, because we'll have to get up early* (**früh**) *tomorrow.*

   _____

10. *We only sit in the car and aren't allowed to do anything.*

    _____

11. *Where do you want to go?*

    _____

12. *I know a hotel near the lake where one can dance.*

    _____

13. *When are you coming back?*

    _____

14. *When are we supposed to come back?*

    _____

15. *Where are the car keys?*

    _____

16. *Give* (sg. fam.) *them to me.*

_____

17. *Did you* (sg. fam.) *see my keys?*

_____

18. *Who had them last* (**zuletzt**)?

_____

19. *I didn't take them.*

_____

20. *Where were you* (sg. fam) *last?*—*I don't know.*

_____

Kapitel 8

Post und Reisen

Zum Hören

Gespräche + Wortschatz

CD 4, Track 5

A. Auf der Post am Bahnhof. Hören Sie zu und wiederholen Sie!

UTA   Ich möchte dieses Paket nach Amerika schicken.
HERR   Normal oder per Luftpost?
UTA   Per Luftpost. Wie lange dauert das denn?
HERR   Ungefähr eine Woche. Füllen Sie bitte diese Paket-
          karte aus! . . . Moment, hier fehlt noch Ihr Absender.
UTA   Ach ja! . . . Noch etwas. Ich brauche eine
          Telefonkarte.
HERR   Für fünf, zehn oder zwanzig Franken?
UTA   Für zwanzig Franken. Vielen Dank!

B. Am Fahrkartenschalter in Zürich. Hören Sie zu und
lesen Sie dann Annes Rolle!

ANNE   Wann fährt der nächste Zug nach Interlaken?
FRAU   In zehn Minuten. Abfahrt um 11.28 Uhr, Gleis 2.
ANNE   Ach du meine Güte! Und wann kommt er dort an?
FRAU   Ankunft in Interlaken um 14.16 Uhr.
ANNE   Muss ich umsteigen?
FRAU   Ja, in Bern, aber Sie haben Anschluss zum InterCity mit nur vierundzwanzig Minuten
          Aufenthalt.
ANNE   Gut. Geben Sie mir bitte eine Hin- und Rückfahrkarte nach Interlaken!
FRAU   Erster oder zweiter Klasse?
ANNE   Zweiter Klasse.

C. Richtig oder falsch? Sie hören fünf Sätze. Stimmt das?

1. richtig   falsch
2. richtig   falsch
3. richtig   falsch
4. richtig   falsch
5. richtig   falsch

Aussprache: e, er *(Pronunciation Guide II. 8–10)*

CD 4, Track 6

A. Laute. Hören Sie zu und wiederholen Sie!

1. [ə] Adresse, Ecke, Haltestelle, bekommen, besuchen, eine halbe Stunde
2. [ʌ] aber, sauber, schwer, euer, unser, Zimmernummer, Uhr, vor, nur, unter, über, außer, wiederholen

B. Wortpaare. Hören Sie zu und wiederholen Sie!

1. Studenten / Studentin   4. arbeiten / Arbeitern
2. Touristen / Touristin   5. lese / Leser
3. diese / dieser   6. mieten / Mietern

Was hören Sie jetzt?   ....

Struktur

CD 4, Track 7

8.1 Genitive case

A. Beim Reisen. Ersetzen Sie den Genitiv!

1. Sie wohnt auf dieser Seite der Stadt. (Berg)
   Sie wohnt auf dieser Seite des Berges.

   ....

2. Das ist ein Bild meines Großvaters. (meine Tante)
   Das ist ein Bild meiner Tante.

   ....

3. Wo ist das Gepäck des Touristen? (Student)
   Wo ist das Gepäck des Studenten?

   ....

8.2 Time expressions

B. Wann passiert das *(does that happen)***?** Ersetzen Sie das Adverb!

1. Fischers fliegen morgen früh ab. (heute Morgen)
   Fischers fliegen heute Morgen ab.

   ....

2. Morgens spielen wir Tennis. (sonntags)
   Sonntags spielen wir Tennis.

   ....

8.3 Sentence structure

C. Fragen. Wohin passt das neue Adverb? *(Add the new adverb to the sentence.)*

Wir fahren zum Flughafen. (um halb sieben)
Wir fahren um halb sieben zum Flughafen.

1. Wir fahren zum Flughafen. (um halb sieben)
2. Sie fliegt nächste Woche. (nach Paris)
3. Er fährt zum Bahnhof. (mit dem Fahrrad)
4. Ich arbeite im Geschäft. (bis 9 Uhr)
5. Sie kommen hoffentlich im Juli. (zu uns nach Wien)
6. Karl fliegt von Frankfurt ab. (heute)
7. Ist Herr Braun zu Hause? (heute Abend)
8. Gehst du zum Briefkasten? (zu Fuß)
9. Fährt der Junge allein? (in die Schweiz)

10. Sie müssen den Brief per Luftpost schicken. (heute noch)
11. Meine Großeltern reisen nach Österreich. (im Juli)

D. Stimmt das? Verneinen Sie die Sätze!

Sabrina wohnt in Berlin.
Sabrina wohnt nicht in Berlin.

....

Einblicke

CD 4, Track 8

Touristen in der Schweiz
....

Web-Ecke

- For further listening and comprehension practice, visit the ***Wie geht's?*** Web site at **http://www.heinle.com**, where you can find a brief passage about one student's experience while traveling with the Eurail Pass *(Unterwegs mit dem Eurailpass)*. There is also a short dictation with sample sentences from the reading text of Chapter 8.

Zum Schreiben

A. Erweitern Sie Ihren Wortschatz! Unterstreichen Sie *(underline)* das Verbindungsglied *(link)* in jedem der unteren Wortkombinationen und geben Sie das englische Äquivalent!

> Compound nouns can be either plain (**Sommertag**) or linked (**Geburtstag, Tageszeit, Wochentag**). The -s- or -es- link is a genitive form that may also appear with feminine nouns. The -**er**-, -**en**-, and -**n**- links are plural forms that also connect singular nouns more smoothly. Which link will be used in a compound is not predictable; skill at making new compounds can only be acquired through practice and observation.

BEISPIEL: Suppe<u>n</u>löffel
soup spoon

1. Erbsensuppe   _____

2. Tomatensalat   _____

3. Blumengeschäft   _____

© Heinle

4. Straßenname _____

5. Wochenende _____

6. Hosentasche _____

7. Fahrkartenschalter _____

8. Studentenheim _____

9. Kinderzimmer _____

10. Jahreszeit _____

11. Mittagspause _____

12. Abfahrtszeit _____

13. Jugendherbergsausweis _____

14. Übernachtungsmöglichkeit _____

B. Städte und Länder. Was ist was auf dieser Karte von der Schweiz?

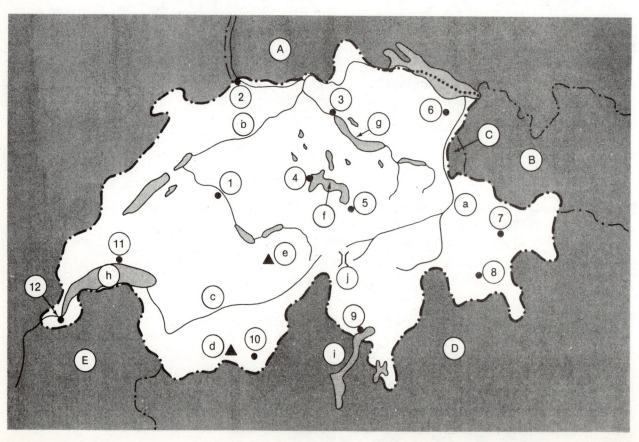

© Heinle

Die großen Buchstaben *(capital letters)* repräsentieren Länder, die kleinen Buchstaben *(small letters)* Flüsse, Seen, Berge oder Pässe und die Zahlen Städte. Was gehört zu welchen Buchstaben und Zahlen?

LÄNDER	FLÜSSE / SEEN / BERGE / PÄSSE	STÄDTE
A. _____	a. _____	1. _____
B. _____	b. _____	2. _____
C. _____	c. _____	3. _____
D. _____	d. _____	4. _____
E. _____	e. _____	5. _____
	f. _____	6. _____
	g. _____	7. _____
	h. _____	8. _____
	i. _____	9. _____
	j. _____	10. _____
		11. _____
		12. _____

C. Post und Reisen. Bilden Sie ganze Sätze!

1. Margarete // schicken / Junge / mit / Paket / zu / Post!

   _____

2. Flugzeug / sollen / ankommen / 16 Uhr / in Zürich

   _____

3. dort / wir / besuchen / Bruder / meine Mutter

   _____

4. ihr / weiterfahren / mit Zug / am Abend?

   _____

5. warum / du / nicht / fahren / mit Zug // ich / nicht / können verstehen

   _____

6. statt / eine Autofahrt / ich / machen / gern / Zugreise

   _____

D. Eine Reise in die Schweiz. Auf Deutsch bitte!

1. *During our vacation, we're going to Switzerland by train.*

_____

2. *On the way, we'll visit my father's friend.*

_____

3. *I don't know this gentleman, but I know that he lives in Bern.*

_____

4. *We have to change trains in Basel.*

_____

5. *Because of my school, we can't leave today. But we'll leave soon, perhaps the day after tomorrow.*

_____

6. *Write (fam. sg.) us a postcard when you've arrived.*

_____

7. *That depends. If it rains, I'll write you (pl. fam.).*

_____

8. *That sounds good. Take care!*

_____

E. Vor dem Züricher Hauptbahnhof. Sehen Sie auf das Bild und beenden Sie die Sätze!

© Heinle

1. Das Bild zeigt die Bahnhofstraße _____ Züricher Hauptbahnhof.
   a. auf dem   b. über dem   c. zwischen dem   d. gegenüber vom

2. In der Mitte der Straße fährt _____.
   a. ein Zug   b. eine U-Bahn   c. ein Bus   d. eine Straßenbahn

3. Man sieht auch viele Menschen. Sie _____.
   a. gehen alle zu Fuß   b. warten alle auf den Bus
   c. sitzen alle gemütlich in Cafés   d. kommen alle aus dem Bahnhof

4. Vorne *(in front)* _____ stehen zwei Autos und warten, bis die Ampel *(light)* grün wird.
   a. rechts   b. links   c. in der Mitte   d. an der Haltestelle

5. Das Wetter ist schön und die Leute brauchen _____.
   a. kein Handy   b. keinen Aufenthalt   c. keine Tasche   d. keinen Mantel

6. Alle _____ irgendwohin *(somewhere)*.
   a. fahren   b. fliegen   c. laufen   d. reisen

F. Bei Müllers zum Abendessen. Jeder erzählt etwas. Und die anderen, was sagen sie?
Wählen Sie *(choose)* aus der Liste!

Ach du liebes bisschen!	Das tut mir *(furchtbar)* Leid.
Ach du meine Güte!	Gott sei Dank!
Das freut mich.	Na prima!
Das gibt's doch nicht!	Na und?
Das ist doch egal.	Pech gehabt!
Das macht nichts.	Schade!
Das sieht dir ähnlich.	Super!

KURT   Mensch, ich habe immer noch Hunger!

HELGA   _____

SUSI   Heute früh ist mir der Bus direkt vor der Nase weggefahren *(drove off right in front of me)*.

KURT   _____

SUSI   Weil ich meine Hausaufgaben nicht mitgehabt habe, muss ich jetzt eine Seite aus dem Buch abschreiben *(copy)*.

KURT   _____

HELGA   Aua, das Messer ist scharf *(sharp)!* Mutti, hast du ein Hansaplast*? Schnell! Aua aua aua!

MUTTER   _____

SUSI   Wir haben nur Leukoplast*.

MUTTER   _____

---

* Hansaplast and Leukoplast are brands of band-aids.

HELGA   So, jetzt ist alles wieder gut.

VATER   _____

HELGA   Habe ich euch gesagt, dass ich einen Flug nach Mallorca gewonnen *(won)* habe?

SUSI   _____

HELGA   Da muss ich eine Woche unbezahlten Urlaub *(unpaid vacation)* nehmen.

SUSI   _____

VATER   Onkel Otto ist im Krankenhaus *(hospital)*.

MUTTER   _____

VATER   Am Wochenende darf er wieder nach Hause.

MUTTER   _____. Kinder, heute gibt es keinen Nachtisch.

HELGA   _____

KURT   _____

G. Am Schalter. Wie geht's weiter?

Fragen Sie am Schalter, wann der nächste Zug nach . . . fährt, wann der dort ankommt, ob Sie umsteigen müssen und wie viel die Fahrt kostet! Kaufen Sie eine Karte und fragen Sie auch, auf welchem Gleis der Zug abfährt und wo es . . . gibt!

SIE   Sagen Sie, wann fährt der nächste Zug nach . . . ab?

HERR/DAME AM SCHALTER   _____

SIE   _____

HERR/DAME AM SCHALTER   _____

SIE   _____

HERR/DAME AM SCHALTER   _____

_____

_____

_____

_____

_____

_____

_____

H. Aufsatz: Eine interessante Reise. Schreiben Sie acht bis zehn Sätze über eine Reise, die _(which)_ Sie gern einmal machen möchten, oder eine Reise, die furchtbar oder besonders schön gewesen ist.

_____

_____

_____

_____

_____

_____

_____

_____

_____

Das Zugfahren in der Schweiz ist einfach und bequem.

Video-aktiv

Minidrama: Die Schweizer Post ist schnell.

Vor dem Sehen

Zum Erkennen

abholen	_to pick up!_	Du Witzbold!	_You must be kidding._
Na endlich!	_Well, it's about time!_	verpassen	_to miss (a train, etc.)_

A. Mal sehen!

1. Seid ihr schon mal mit dem Zug gefahren? Wenn ja, von wo nach wo?
2. Was muss man da natürlich kaufen?
3. Habt ihr ein Handy? Wenn ja, benutzt ihr es viel?
4. Wie ruft ihr an, wenn ihr nicht zu Hause seid und kein Handy habt?
5. Was braucht man, wenn man von einer Telefonzelle anrufen will?
6. Was braucht man, wenn man einen Brief schicken will?
7. Wohin tut man den Brief dann?
8. Welche Farbe haben Briefkästen hier bei uns?
9. Schreibt ihr manchmal Briefe oder Karten? Wenn ja, wann?
10. Schreibt ihr E-Mails? Wenn ja, wie viele E-Mails am Tag?

Nach dem Sehen

B. Richtig oder falsch?

____ 1. Inge und Daniela wollen nach Zürich fahren.
____ 2. Sie haben noch eine Stunde Zeit bis zur Abfahrt des Zuges.
____ 3. Inge hat vergessen *(forgotten),* ihren Onkel anzurufen.
____ 4. Eigentlich soll Arnold sie dort abholen.
____ 5. Sie gehen zur Telefonzelle und wollen ihn anrufen.
____ 6. Für die Telefonzelle brauchen sie aber eine Kreditkarte.
____ 7. Sie haben keine Münzen und keine Telefonkarte.
____ 8. Sie fragen eine Dame und einen Herrn, ob sie 10 Euro wechseln können.
____ 9. Der Herr hat kein Kleingeld.
____ 10. Daniela geht dann zur Post, wo sie Geld wechseln und auch ein paar Briefmarken kaufen will.

C. Fragen und Antworten

1. Was tut Inge, während *(while)* Daniela Geld umwechselt?
2. Warum tut sie das?
3. Warum verpassen sie den Zug?
4. Wie wissen wir, dass Inge das nicht so gut findet?
5. Wann ist der Zug abgefahren?
6. Wann fährt der nächste *(next)* Zug?
7. Wann soll er in der Schweiz ankommen?
8. Was tut Inge mit ihrem Brief?
9. Glaubt ihr, dass der Brief noch rechtzeitig *(in time)* bei Arnold ankommt? Warum (nicht)?
10. Was tun Inge und Daniela, bis der nächste Zug kommt?

D. Sag es anders!

1. Ach du meine Güte!
2. Das ist doch egal.
3. Das ist typisch Daniela.
4. Das kann doch nicht wahr sein!
5. Pass auf!
6. in einer Dreiviertelstunde
7. in einer halben Stunde
8. jede Stunde
9. jeden Tag
10. jedes Jahr

Blickpunkt: Reise in die Schweiz

Vor dem Sehen

Zum Erkennen

der Ort, -e	*place*	freundlich	*friendly*
die Verbindung, -en	*connection*	hilfsbereit	*helpful*
die Aussicht, -en	*view*	pünktlich	*punctual*
der Schaffner, -	*conductor*	die Piste, -n	*(ski) slope*

E. Mal sehen!

1. Seid ihr schon mal in der Schweiz gewesen? Wenn ja, wann und wo?
2. Wo liegt die Schweiz? Wie heißen die Nachbarn der Schweiz?
3. Welche Städte gibt es in der Schweiz? (Ohne Landkarte bitte!)
4. Liegen die Städte an einem Fluss? Wenn ja, an welchem Fluss?
5. Kennt ihr ein paar Speisen (Gerichte, Kuchen usw.) aus der Schweiz?
6. Kennt ihr ein paar Komponisten, Künstler oder Schriftsteller aus der Schweiz?
7. Kennt ihr hier ein paar Schweizer?
8. Was für Schweizer Produkte kennt ihr?
9. Gibt es hier einen Schweizer Klub?
10. Die Schweiz hat Berge und Seen, was gibt es da aber nicht?

Nach dem Sehen

F. Was stimmt?

1. Conny Weber arbeitet _____.
   a. bei der Post   b. bei der Touristen information am Bahnhof   c. in einem Reisebüro
2. Sie _____ Reiseorte und Hotels.
   a. empfehlt   b. empfiehlt
3. Sie bucht auch _____.
   a. Fahrkarten   b. Fahrpläne   c. Abfahrten
4. Im Sommer gehen die Schweizer gern _____ und im Winter Skilaufen.
   a. besuchen   b. schicken   c. wandern
5. Die Leute fahren dort viel mit dem _____.
   a. Zug   b. Taxi   c. Flugzeug
6. Die Verbindungen sind gut und die Züge sind _____.
   a. herrlich   b. pünktlich   c. frei
7. Die Schaffner sollen hilfsbereit und _____ sein.
   a. praktisch   b. bequem   c. freundlich
8. Mit der Halbtax _____ die Schweizer und auch die Touristen zum halben *(half)* Preis Zug fahren.
   a. müssen   b. sollen   c. können
9. In der Schweiz gibt es vier Sprachen: Deutsch, Französisch, Italienisch und _____.
   a. Lateinisch   b. Spanisch   c. Rätoromanisch
10. In der Schule lernen alle Englisch und _____.
    a. Französisch   b. Rätoromanisch   c. Lateinisch

G. Fragen und Antworten

1. Was ist das Matterhorn?
2. Von wo können die Leute diesen Berg gut sehen?
3. Wie kommt man zum Klein-Matterhorn?
4. Wisst ihr, wo man in der Schweiz gut Skilaufen kann?
5. Was tun die Leute oft nach dem Skilaufen?
6. Könnt ihr Ski laufen? Wenn ja, seid ihr gut?
7. Wo kann man hier Ski laufen?
8. Geht ihr gern wandern?
9. Wo kann man hier gut wandern?
10. Was braucht man, wenn man wandern geht?

H. Was ist das Gegenteil von diesen Wörtern?

1. die Nacht   3. abfliegen
2. die Abfahrt   4. aufmachen

5. stehen   8. bequem
6. herrlich   9. leicht
7. geöffnet   10. hell

I. Genau gesehen. Was habt ihr im Video gesehen und was nicht?

Bahnsteig	Bus	Handy
Banken	Disko	Kuh *(cow)*
Berge	Dörfer	Seen
Blumen	Flughafen	Straßenbahn
Briefkasten	Fluss	Wälder
Brücken	Fußgängerzone	Züge

Man sieht kein(e/en) . . .

J. Kulturell gesehen. Nennt ein paar Sachen im Video, die *(which)* anders sind als *(than)* hier bei uns! Auf Deutsch bitte!

Kapitel ⑨

Hobbys

Zum Hören

Gespräche + Wortschatz

CD 4, Track 9

A. Am Telefon. Hören Sie zu und wiederholen Sie!

FRAU SCHMIDT	Hier Schmidt.
ANNEMARIE	Guten Tag, Frau Schmidt. Ich bin's, Annemarie.
FRAU SCHMIDT	Tag, Annemarie
ANNEMARIE	Ist Thomas da?
FRAU SCHMIDT	Nein, tut mir Leid. Er ist gerade zur Post gegangen.
ANNEMARIE	Ach so. Können Sie ihm sagen, dass ich heute Abend nicht mit ihm ausgehen kann?
FRAU SCHMIDT	Natürlich. Was ist denn los?
ANNEMARIE	Ich bin krank. Mir tut der Hals weh und ich habe Kopfschmerzen.
FRAU SCHMIDT	Das tut mir Leid. Gute Besserung!
ANNEMARIE	Danke. Auf Wiederhören!
FRAU SCHMIDT	Wiederhören!

B. Bis gleich! Hören Sie zu und lesen Sie dann Danielas Rolle!

YVONNE	Bei Mayer.
DANIELA	Hallo, Yvonne! Ich bin's, Daniela.
YVONNE	Tag, Daniela! Was gibt's?
DANIELA	Nichts Besonderes. Hast du Lust, Squash zu spielen oder schwimmen zu gehen?
YVONNE	Squash? Nein, danke. Ich habe noch Muskelkater von vorgestern. Ich kann mich kaum rühren. Mir tut alles weh.
DANIELA	Lahme Ente! Wie wär's mit Schach?
YVONNE	O.K., das klingt gut. Kommst du zu mir?
DANIELA	Ja, bis gleich!

C. Was ist richtig? Sie hören vier Fragen. Schreiben Sie die richtige Antwort auf.

1. _____
2. _____
3. _____
4. _____

Aussprache: l, z *(Pronunciation Guide III. 7–9)*

CD 4, Track 10

A. Laute. Hören Sie zu und wiederholen Sie.

1. [l] laut, leicht, lustig, leider, Hals, Geld, malen, spielen, fliegen, stellen, schnell, Ball, hell
2. [ts] zählen, zeigen, zwischen, zurück, zuerst, Zug, Zahn, Schmerzen, Kerzen, Einzelzimmer, Pizza, bezahlen, tanzen, jetzt, schmutzig, trotz, kurz, schwarz, Salz, Schweiz, Sitzplatz

B. Wortpaare. Hören Sie zu und wiederholen Sie!

1. *felt* / Feld   3. *plots* / Platz   5. seit / Zeit
2. *hotel* / Hotel   4. Schweiß / Schweiz   6. so / Zoo

Was hören Sie jetzt?   ....

Struktur

CD 4, Track 11

9.1 Endings of preceded adjectives

A. Beschreibungen *(descriptions).* Kombinieren Sie das Wort mit dem Adjektiv!

1. das Geschenk (toll)
   das tolle Geschenk

   ....

2. mein Freund (lieb)
   mein lieber Freund

   ....

3. ein Zimmer (sauber)
   ein sauberes Zimmer

   ....

B. Sehenswürdigkeiten *(attractions).* Ersetzen Sie das Hauptwort!

Ist das das bekannte Hotel? (Kirche)
Ist das die bekannte Kirche?
....

C. Wie komme ich zu meiner kleinen Pension? Antworten Sie mit dem neuen Adjektiv!
Gehen Sie die Straße links! (erst-)
Gehen Sie die erste Straße links!

1. Gehen Sie die Straße links!
2. Gehen Sie die Straße rechts!
3. Fahren Sie mit dem Bus!
4. Fahren Sie an dem Park vorbei!
5. Steigen Sie bei dem Café aus!
6. Gegenüber ist das Museum.
7. Neben dem Museum ist die Pension.

9.2 Reflexive verbs

D. Die Zeit läuft. Ersetzen Sie das Subjekt!

1. Sie müssen sich beeilen. (du)
   Du musst dich beeilen.

   ....

2. Ich ziehe mich an. (wir)
   Wir ziehen uns an.

   ....

E. Wir sind noch nicht fertig. Sagen Sie, was noch zu tun ist!

duschen
Ich muss mich noch duschen.
....

9.3 Infinitive with *zu*

F. Was kann man alles tun? Ersetzen Sie das Verb!

1. Dort gibt es viel zu sehen. (tun)
   Dort gibt es viel zu tun.
   ....

2. Es macht Spaß, Schach zu spielen. (Briefmarken sammeln)
   Es macht Spaß, Briefmarken zu sammeln.
   ....

Einblicke

CD 4, Track 12

Freizeit—Lust oder Frust?
....

Web-Ecke

- For further listening and comprehension practice, visit the *Wie geht's?* Web site at **http://www.heinle.com**, where you can find a brief telephone conversation between Mr. and Mrs. Krause *(Am Telefon)* and a short dictation with sample sentences from the reading text of Chapter 9.

Zum Schreiben

A. Erweitern Sie Ihren Wortschatz!

The first element in a "compound verb" may be a <u>noun</u>, an <u>adjective</u>, another <u>verb</u>, or some <u>other particle</u> such as **auseinander** *(apart)*, **miteinander** *(together)*, **nebeneinander** *(next to each other)*. Though these verbs have one "compound meaning," they are—according to the spelling reform—usually NOT spelled together. Most prefix-verbs, on the other hand, are spelled together. (For the meaning of certain prefixes, see Chapter 7.)

„Die Menschen haben gelernt, zu schwimmen wie die Fische und zu fliegen wie die Vögel, aber wie Brüder zusammenzuleben haben sie nicht gelernt"
M. L. King

1. Was für ein Wort ist der erste Teil von jedem Verb? Was bedeutet das Verb auf Englisch?

   BEISPIEL: Kopf stehen
   noun: *to stand on one's head*

a. auseinander schreiben _____

b. Eis laufen _____

c. fertig machen _____

d. Halt machen _____

e. kennen lernen _____

f. miteinander sprechen _____

g. nahe stehen _____

h. nebeneinander sitzen _____

i. Rad fahren _____

j. sauber machen _____

k. schwer fallen _____

l. sein lassen _____

m. Ski laufen _____

n. spazieren gehen _____

o. vorbei sein _____

to be difficult
to be on close terms
to be over
to bicycle
to clean
to finish, prepare
to get acquainted
to go on a walk
to ice skate
to let (it) be
to ski
to sit next to each other
to stop
to talk to each other
to write separately

2. Was gehört zu welchem Verb? Kombinieren Sie die Vorsilben *(prefixes)* mit Verben auf der Liste!

BEISPIEL: *to open up*
aufmachen

auf, aus, ein, herein, mit, nach, vorbei, zu, zurück
bleiben, fahren, fliegen, geben, halten, lassen, laufen, packen, schicken

a. *to pack (in a suitcase)* _____

b. *to unpack* _____

c. *to hold open* _____

d. *to let in* _____

e. *to run after* _____

f. *to drive past* _____

g. *to send along*   _____

h. *to give back*   _____

i. *to fly back*   _____

j. *to stay closed*   _____

B. Mein neues Hobby. Was fehlt?

Ich habe ein neu_____ Hobby: Fotografieren. Gestern bin ich durch unsere klein_____ Stadt
　　　　　　　　(1)　　　　　　　　　　　　　　　　　　　　　　　　　　(2)

gelaufen. Vor dem groß_____ Kaufhaus habe ich ein schön_____ Bild von einer jung_____
　　　　　　　　　　(3)　　　　　　　　　　　　(4)　　　　　　　　(5)

Mutter mit ihrem klein_____ Kind gemacht. Dann bin ich auf den Turm *(tower)* unsrer
　　　　　　　　　(6)

alt_____ Kirche gestiegen *(climbed up)*. Von da habe ich einen wunderbar_____ Blick *(m., view)*
(7)　　　　　　　　　　　　　　　　　　　　　　　　　　　　　(8)

auf die Stadt gehabt. Auf dem Turm ist auch ein alt_____ Herr gewesen. Ich bin eine
　　　　　　　　　　　　　　　　　　　　　　　　(9)

halb_____ Stunde da oben geblieben. Dieser alt_____ Herr hat während der ganz_____ Zeit
(10)　　　　　　　　　　　　　　　　　(11)　　　　　　　　　　　(12)

von seinem besonder_____ Hobby gesprochen. Was für ein besonder_____ Hobby hat er
　　　　　　　(13)　　　　　　　　　　　　　　　　　　(14)

gehabt? Fotografie!

C. Freizeitaktivitäten. Auf Deutsch bitte!

1. *Do you* (sg. fam.) *feel like playing soccer?*

_____

2. *No, I don't feel well. I have a stomach-ache.*

_____

3. *You* (sg. fam.) *sit too much and don't keep in shape.*

_____

4. *I'm going to sit down in the garden and read a book.*

_____

5. *Why don't you* (sg. fam.) *call Willi? Maybe he has time to play soccer with you.*

_____

D. Radtouren im Münsterland. Was fehlt?

1. Diese Karte zeigt eine interessant_____ Alternative, Ferien _____ machen. 2. Im

norddeutsch_____ Münsterland kann man zum Beispiel mit dem _____ von einen

Bauernhof *(farm)* zum anderen fahren. 3. Diese besonder_____ Fahrradtour ist _____

Kilometer lang und dauert _____ Tage. 4. Auf dem Weg kann man viele Schlösser, Burgen

und Museen _____, wie zum Beispiel _____ Velen,

_____ Ramsdorf oder das _____ in Borken. 5. Abends

übernachtet man dann nicht in einem elegant_____ Hotel, sondern auf einem

gemütlich_____ Bauernhof. 6. Dort frühstückt man und ist auch dort zum Abend-

essen, aber während des Tag_____ hat man ein klein_____ Lunchpaket.

7. Wer kein eigen_____ *(own)* Fahrrad hat, kann auch eins mieten. 8. Bei so einer

Reise hält man _____ fit und hat keine Chance, sich _____ langweilen.

9. Wenn Sie das interessiert, schreiben Sie an *(to)* Frau Agnes Wenker in _____!

• •

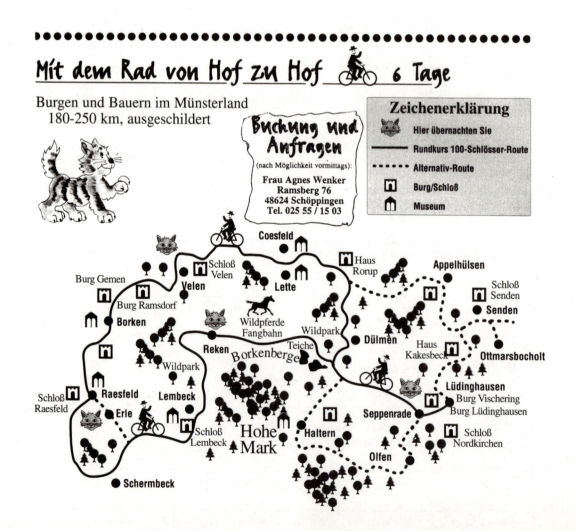

Mit dem Rad von Hof zu Hof   6 Tage

Burgen und Bauern im Münsterland
180–250 km, ausgeschildert

Buchung und Anfragen
(nach Möglichkeit vormittags):
**Frau Agnes Wenker
Ramsberg 76
48624 Schöppingen
Tel. 025 55 / 15 03**

Zeichenerklärung
Hier übernachten Sie
Rundkurs 100-Schlösser-Route
Alternativ-Route
Burg/Schloß
Museum

E. Danke für die Einladung! Wie antworten Sie Ihren Freunden? Geben Sie auch einen Grund *(reason)* für Ihre Antwort!

BEISPIEL: Möchtest du heute Abend mit uns ins Kino gehen?
Ich möchte schon, aber ich kann nicht. Ich muss noch in die Bibliothek.

1. Wir gehen Pizza essen. Willst du mitkommen?

   _____

2. Wenn du Zeit hast, können wir uns zusammen einen Videofilm anschauen.

   _____

3. Thomas und ich wollen noch etwas joggen. Hast du Lust mitzukommen?

   _____

4. Wir gehen in die Stadt. Komm doch mit!

   _____

5. Ich möchte euch am Sonntag zu einer Party einladen.

   _____

6. Tante Frieda und ich gehen morgen Abend in die Oper. Wir nehmen dich gern mit.

   _____

7. Darf ich dich heute Mittag zum Essen einladen?

   _____

   _____

F. Keine Lust. Wie geht's weiter?

Sie und Ihre Freundin Birgit sind auf dem Weg zu einer Party (zur Sinfonie, zum Kino, zum Fußballspiel usw.) und da treffen Sie *(meet)* plötzlich Dirk Olson. Er möchte, dass Sie mit ihm in eine Disko oder . . . gehen. Sie haben aber keine Lust. Was sagen Sie?

DIRK   _____

SIE   _____

DIRK   _____

BIRGIT   _____

DIRK   _____

_____

_____

_____

_____

_____

_____

Daniela und Inge fühlen sich nicht wohl.

Video-aktiv

Minidrama: Lachen ist die beste Medizin.

Vor dem Sehen

Zum Erkennen

die Grippe	*flu*	der Hut, ¨e	*hat*
die Tablette, -n	*pill*	hinfallen	*to fall (down)*
das Fieber	*fever*	allein	*alone*
die Decke, -n	*blanket*	lachen	*to laugh*

A. Mal sehen!

1. Habt ihr schon mal die Grippe gehabt?
2. Wie lange dauert so eine Grippe gewöhnlich?
3. Wie fühlt man sich dann?
4. Was tut ihr, wenn ihr krank seid?
5. Was esst oder trinkt ihr dann?
6. Habt ihr schon mal etwas gebrochen (broken), zum Beispiel den Arm oder die Nase?
7. Was kann man dann nicht (gut) tun?
8. Was sagt ihr, wenn jemand niest (sneezes)?
9. Was tut ihr, wenn ihr Kopfschmerzen habt?
10. Was sagen die anderen vielleicht, wenn sie hören, dass ihr Kopfschmerzen habt?

Nach dem Sehen

B. Was stimmt?

1. Daniela ist _____.
   a. müde   b. einfach   c. krank
2. Sie liegt auf dem _____ und fühlt sich nicht wohl.
   a. Bett   b. Sofa   c. Teppich
3. Ihr tut der _____ weh.
   a. Bauch   b. Hals   c.   der Rücken
4. Danielas Eltern sind bei ihr im _____.
   a. Schlafzimmer   b. Musikzimmer   c. Wohnzimmer
5. Daniela hat auch _____.
   a. Fieber   b. Zahnschmerzen   c. Ohrenschmerzen
6. Sie hat ein paar Tabletten genommen, aber _____ tut immer noch weh.
   a. die Nase   b. der Rücken   c. der Hals
7. Der Vater bringt ihr _____, weil es ihr kalt ist.
   a. einen Schal *(scarf)*   b. eine Wärmflasche *(hot-water bottle)*   c. eine Decke
8. Danielas Freundin Inge fühlt sich auch nicht _____.
   a. weh   b. wohl   c. weit
9. Sie ist in der Cafeteria mit _____ hingefallen.
   a. ihren Büchern   b. ihrem Handy   c. ihrem Essen
10. Jetzt hat sie _____ gebrochen.
    a. das Bein   b. den Arm   c. den Finger

C. Fragen und Antworten

1. Warum kann sich Inge nicht allein anziehen?
2. Was kann sie jetzt nicht (tun)?
3. Wie putzt sie sich jetzt die Zähne, mit der linken oder mit der rechten Hand?
4. Wie putzt ihr euch gewöhnlich die Zähne, mit der rechten oder mit der linken Hand?
5. Warum lacht Inge?
6. Wie findet ihr den Vater?
7. Habt ihr noch Humor, wenn ihr krank seid?
8. Wenn man jemandem viel Glück—zum Beispiel beim Skilaufen—wünscht, sagt man „Hals- und Beinbruch!" Was sagt ihr auf Englisch?
9. Was sagt ihr, wenn die anderen spazieren gehen wollen, ihr aber nicht wollt?
10. Was sagt ihr, wenn die anderen ins Kino gehen wollen, ihr aber keine Zeit habt?

D. Wie gut ist euer Gedächtnis *(memory)*? Eine(r) von euch beginnt und nennt einen Körperteil. Der/die Nächste wiederholt das und nennt noch einen Körperteil. Wiederholt immer alles! Mal sehen, wie weit ihr kommt!

Kapitel (10)

Unterhaltung

Zum Hören

Gespräche + Wortschatz

CD 5, Track 1

A. Blick in die Zeitung. Hören Sie zu und wiederholen Sie!

SONJA	Du, was gibt's denn heute Abend im Fernsehen?
THEO	Keine Ahnung. Sicher nichts Besonderes.
SONJA	Mal sehen! *Gute Zeiten, schlechte Zeiten*, einen Dokumentarfilm und einen Krimi.
THEO	Dazu habe ich keine Lust.
SONJA	Vielleicht gibt's was im Kino?
THEO	Ja, *Planet der Affen, Das Tier im Manne* und *Shrek*.
SONJA	Hab' ich alle schon gesehen.
THEO	Im Theater gibt's *Der kaukasische Kreidekreis* von Brecht.
SONJA	Nicht schlecht. Hast du Lust?
THEO	Ja, das klingt gut. Gehen wir!

B. An der Theaterkasse. Hören Sie zu!

THEO	Haben Sie noch Karten für heute Abend?
DAME	Ja, erste Reihe erster Rang links und Parkett rechts.
THEO	Zwei Plätze im Parkett! Hier sind unsere Studentenausweise.
DAME	Zehn Euro bitte!
SONJA	Wann fängt die Vorstellung an?
DAME	Um 20.15 Uhr.

C. Während der Pause. Hören Sie zu und lesen Sie dann Theos Rolle!

THEO	Möchtest du eine Cola?
SONJA	Ja, gern. Aber lass mich zahlen! Du hast schon die Programme gekauft.
THEO	Na gut. Wie hat dir der erste Akt gefallen?
SONJA	Prima. Ich habe das Stück schon mal in der Schule gelesen, aber noch nie auf der Bühne gesehen.
THEO	Ich auch nicht.

D. Fragen. Welche Antwort ist richtig?

1. a. *Planet der Affen.*
   b. *Der kaukasische Kreidekreis.*
   c. *Gute Zeiten, schlechte Zeiten.*
2. a. Im ersten Rang.
   b. Im Parkett.
   c. Im zweiten Rang.
3. a. Brecht
   b. Theo
   c. Sonja

Aussprache: r, er *(Pronunciation Guide II.9 and III.11)*

CD 5, Track 2

A. Laute. Hören Sie zu und wiederholen Sie!

1. [r]   rot, rosa, ruhig, rechts, Radio, Regal, Reihe, Roman, Programm, Dorf, Konzert, Fahrt, Gitarre, traurig, krank, Herren
2. [ʌ]   Orchester, Theater, Messer, Teller, aber, leider, hinter, unter, über, wieder, weiter
3. [ʌ / r] Uhr / Uhren; Ohr / Ohren; Tür / Türen; Chor / Chöre; Autor / Autoren; Klavier / Klaviere

B. Wortpaare. Hören Sie zu und wiederholen Sie!

1. *ring* / Ring   3. *fry* / frei   5. *tear* / Tier
2. *Rhine* / Rhein   4. *brown* / braun   6. *tour* / Tour

Was hören Sie jetzt?   ……   ……   ……   ……   ……   ……

Struktur

CD 5, Track 3

10.1 Verbs with prepositional objects

A. Worauf wartet sie? Ersetzen Sie das Objekt!

1. Evi wartet auf die Straßenbahn. (Taxi)
   Evi wartet auf das Taxi.
   ……   ……   ……   ……   ……
2. Schreiben Sie an die Zeitung! (Gasthof)
   Schreiben Sie an den Gasthof!
   ……   ……   ……   ……   ……

10.2 *Da-* and *wo-*compounds

B. Wofür? Womit ersetzen Sie das Objekt?

für meinen Onkel   für ihn
für unser Haus   dafür

……   ……   ……   ……   ……   ……   ……   ……   ……   ……   ……   ……

C. Fragen. Wie fragen Sie nach dem Objekt?

an die Eltern   an wen?
an die Tafel   woran?

……   ……   ……   ……   ……   ……   ……   ……   ……

10.3 Unpreceded adjective endings

D. Was möchten alle? Ersetzen Sie das Objekt!

Alle möchten frischen Salat. (Brot)
Alle möchten frisches Brot.
....

E. Wie viele? Welche Endung hat das neue Adjektiv?

Peter hat einige Ideen. (gut)
Peter hat einige gute Ideen.
....

Einblicke

CD 5, Track 4

Wer die Wahl hat, hat die Qual.

....

Web-Ecke

• For further listening and comprehension practice, visit the ***Wie geht's?*** Web site at **http://www.heinle.com**, where you can find a brief passage about Hermann's strange experience in the theater *(Im Theater)* and a short dictation with sample sentences from the reading text of Chapter 10.

Bücher sind wie große Ferien.

Zum Schreiben

A. Erweitern Sie Ihren Wortschatz! Ergänzen Sie das deutsche Äquivalent!

> Most German infinitives can be used as nouns. They fulfill the same function as the English gerund.

BEISPIEL: Das <u>Tanzen</u> macht uns Spaß.
              dancing

1. Das _____ ist ein schöner Sport.
        skiing

2. Auch heute verbringen *(spend)* viele Hausfrauen ihre Tage mit _____,
                                                                shopping

_____, _____ und _____.
  cleaning   *washing*   *cooking*

3. Viele Leute halten sich mit _____ oder _____ fit.
   running   *swimming*

4. Meiner Mutter macht das _____ Spaß, meinem Vater das _____,
   reading   *taking pictures*

   meiner Schwester das _____ und meinem kleinen Bruder das _____.
   playing the piano   *watching TV*

B. Was gibt's Interessantes? Sehen Sie sich das Rundfunkprogramm und das Programm der Neuen Nationalgalerie Berlin an! Ergänzen Sie dann die Sätze!

Im Rundfunk gibt es morgens um fünf _____. Um Viertel nach sieben bringen sie
                                    (1)

einen Bericht *(report)* aus _____. Um fünf nach zehn ist _____.
                          (2)   (3)

Sie ist in Stereo. Zwei Stunden später gibt es die _____ Presse. Um zehn nach
                                                   (4)

eins sprechen sie über _____ und danach über die _____. Um
                       (5)   (6)

halb _____ hört man Musik, vom Walzer bis zum Swing. Um fünf nach acht
     (7)

Mittwoch
25. Oktober
Deutschlandfunk

Nachrichten: 0.00, stündlich bis 4.00, 4.30, 5.00, 5.30, 6.00, 6.30, 7.00, 7.30, 8.00, stündlich bis 19.00, 20.00, 21.30, 22.00, 23.00

6.10	**Musik zu früher Stunde**
6.55	**Landfunk**
	Gartentipps
7.15	**Tieflandindianer**
	Ein Bericht aus Südamerika
9.15	**Schulfunk**
10.05	●**Tanz- und**
	Unterhaltungsmusik
11.10	**Heute und morgen**
	Informationen für
	die ältere Generation
12.05	**Internationale Presse**
12.30	●**Joseph Haydn:**
	Sinfonie Nr. 16
13.10	**Neue Bücher**
14.05	**Gesundheit**
14.10	**Aus Kunst**
	und Wissenschaft
14.30	**Programm für Kinder**
15.00	●**Aus dem Tanzstudio**
16.00	●**Glückwünsche und Musik**
17.30	**Kommentar**
18.05	**Deutschland und die Welt**
19.10	**Kinderchor**
19.30	●**Vom Walzer zum Swing**
20.05	**Sport**
20.15	●**Giacomo Meyerbeer:**
	Die Afrikanerin, Große Oper
	in fünf Akten
21.40	●**Sinfoniekonzert**
22.20	**Wochenpresse**
22.30	●**Nachtprogramm**

lyonel feininger
von gelmeroda nach manhattan

S|M
P|K

Selbstbildnis, 1915, Sarah Campbell Blaffer Foundation, Houston © VG Bild -Kunst, Bonn 1998

retrospektive der gemälde vom 3.7. bis 11.10
neue nationalgalerie berlin

№ 15787

€ 4,-

sind Nachrichten über _____ und eine Viertelstunde später bringen sie eine
                              (8)

_____ von Meyerbeer. Dieses Rundfunkprogramm ist für _____,
        (9)   (10)

den 25. Oktober.

In der Neuen Nationalgalerie in _____ hat man im Juli 2002
                                          (11)

_____ des _____ Lyonel Feininger sehen können. Um sie
        (12)   (13)

_____ sehen, hat man _____ Euro bezahlen müssen. Feininger
        (14)   (15)

hat am Ende seines Lebens in Manhattan gelebt.

C. Was ich gern mache. Bilden Sie ganze Sätze!

1. ich / sich anhören / gern / schön / CDs

_____

2. du / sich interessieren /*[prep.]* / klassisch / Musik?

_____

3. er / sprechen / immer /*[prep.]* / groß / Reisen

_____

4. er / sammeln / deutsch / und / amerikanisch / Briefmarken

_____

5. was / man / können / machen / mit / alt / Briefmarken?

_____

6. Hobbys / viel / Leute / sein / interessant

_____

D. Ein Theaterabend. Auf Deutsch bitte!

1. *Did I tell you* (pl. fam.) *about tonight?*

_____

2. *Christiane and I are going to the theater.*

_____

3. *I'm looking forward to it. I love exciting detective stories.*

_____

4. *I bought expensive tickets. We have excellent seats.*

_____

5. *Are you* (sg. fam.) *interested in the theater? What do you think of it?*

_____

6. *Please tell* (sg. fam.) *me about the play tomorrow.*

_____

E. Was tun in der Freizeit? Ergänzen Sie die fehlenden Endungen!

1. Die Bilder dieses neunt_____ Kapitels zeigen Leute bei ihren Hobbys. 2. So sehen wir zum Beispiel zwei Radfahrer auf einer schön_____ Radfahrt entlang der Donau oder ein paar Skiläufer während einer kurz_____ Skipause oberhalb von *(above)* Innsbruck. 3. Manche Mieter, die *(who)* nur eine klein_____ Wohnung haben und keinen eigen_____ Garten, mieten sich einen so genannt_____ *(so-called)* Schrebergarten, wo sie ihr eigen_____ Obst und Gemüse und ihre eigen_____ Blumen haben können. 4. An manchen Wochenenden gibt es in diesen klein_____ Schrebergartenkolonien auch ein gemütlich_____ Gartenfest. 5. Ein ander_____ Bild zeigt ein jung_____ Paar *(couple)* beim Inlineskating auf der beliebt_____ Donauinsel in Wien. 6. Hobbys machen Spaß, aber für manche Hobbys muss man in ganz besonders gut_____ Kondition *(f.)* sein, zum Beispiel beim Bergsteigen. 7. Auf einem der Fotos sehen wir drei Bergsteiger an einer steil_____ *(steep)* Bergwand und auf einem ander_____ Foto Drachenflieger vor dem Abflug. 8. Bergsteigen und Drachenfliegen macht sicher Spaß, aber das sind auch sehr gefährlich_____ *(dangerous)* Sportarten *(pl.)*. 9. Da fragt man sich, was die Menschen an so einem gefährlich_____ Sport fasziniert. 10. Und doch ist es toll, wenn man an einem sonnig_____ Tag sieht, wie Drachenflieger mit ihren bunt_____ Flügeln *(wings)* in großen Kreisen *(circles)* über das Land fliegen.

F. Was sagen Sie? Welche Reaktion passt am besten *(the best)* zu den folgenden Aussagen oder Fragen?

1. Wie gefällt dir das Buch?
   a. Es ist fantastisch.
   b. Es schmeckt gut.
   c. Es passt mir nicht.
2. Na, wie findest du mein Auto?
   a. Das hängt mir zum Hals heraus.
   b. Es ist spannend.
   c. Nicht schlecht.

3. Volker ist immer noch nicht da. Er kommt doch immer zu spät.
   a. Das finde ich langweilig.
   b. Das ärgert mich wirklich.
   c. Ja, toll!
4. Tina und Egon haben Probleme mit ihrer Stereoanlage. Sie haben sie schon so oft zum Service gebracht! Die Leute sagen, alles ist repariert. Aber wenn Tina und Egon dann zu Hause sind, stimmt wieder etwas nicht *(something is wrong again)*. Jetzt geht der Kassettenspieler nicht.
   a. Na, prima!
   b. Das gefällt mir wirklich.
   c. Jetzt habe ich aber genug!
5. Ihr Computer geht wieder einmal nicht.
   a. Das ist genau das Richtige!
   b. Ich habe die Nase voll.
   c. Wahnsinn!

G. An der Theaterkasse. Ergänzen Sie, was der Herr vielleicht zu der Dame an der Kasse sagt!

DAME   Guten Abend!

HERR   _____

DAME   Am Donnerstag und Freitag *Wilhelm Tell*, am Samstag *Maria Stuart*.

HERR   _____

DAME   Es tut mir Leid. Für Freitag ist alles ausverkauft *(sold out)*.

HERR   _____

DAME   Ja, wir haben noch Plätze im Parkett und im Rang.

HERR   _____

DAME   36 Euro bitte!

HERR   _____

DAME   Um 20 Uhr.

HERR   _____

DAME   Ungefähr um 22.30 Uhr.

HERR   _____

H. Nach dem Kino. Schreiben Sie ein Gespräch mit Freunden über einen Film, ein Theaterstück oder etwas anderes, was Sie vor kurzem gesehen haben! Vielleicht haben Sie alle die gleiche Meinung *(same opinion)*, aber vielleicht auch nicht.

SIE   _____

FREUND(IN) 1   _____

FREUND(IN) 2   _____

SIE   _____

FREUND(IN) 2   _____

SIE   _____

FREUND(IN) 1   _____

_____

_____

_____

_____

Das Publikum beim Hebbel-Theater ist
sehr unterschiedlich.

Video-aktiv

Minidrama: Kino? Ja, bitte!

Vor dem Sehen

Zum Erkennen

Ach was!	*Oh, come on!*	Ich muss gleich los.	*I have to leave pretty soon.*
Aber ja doch!	*Yes, of course!*	(Das ist) lieb von dir.	*That's nice of you.*

A. Mal sehen!

1. Geht ihr oft ins Kino?
2. Was kostet so eine Kinokarte gewöhnlich?
3. Wie wisst ihr, was spielt?
4. Geht ihr vorher gewöhnlich essen? Wenn ja, wo?
5. Läuft momentan etwas Gutes im Kino? Wenn ja, was?
6. Hat jemand von euch diesen Film schon gesehen? Wenn ja, wo?
7. Hat er euch/dir gefallen? Warum (nicht)?
8. Was könnt ihr noch empfehlen?

9. Wie sagt man, wenn man von einer Sache nichts weiß?
10. Was sagt man, wenn man von einer Sache nichts mehr hören will?

Nach dem Sehen

B. Richtig oder falsch?

____ 1. Daniela interessiert sich für Film.
____ 2. Sie will heute Abend mit Inge ins Kino gehen.
____ 3. Sie will sich *Das Tier im Manne* ansehen.
____ 4. Ihre Mutter geht auch gern mit.
____ 5. Der Vater liest die Zeitung.
____ 6. Er hat keine Lust, ins Kino zu gehen, weil er zu müde ist.
____ 7. Außerdem mag er Hollywoodfilme nicht.
____ 8. Er ist schon lange nicht mehr im Kino gewesen.
____ 9. Er findet, dass *Easy Rider* zu den Filmklassikern gehört.
____10. Daniela findet ihren Vater ziemlich altmodisch *(old-fashioned)*.

C. Fragen und Antworten

1. Wer gehört für Danielas Mutter zu den Klassikern der Kunst?
2. Woher wisst ihr das?
3. Warum will Danielas Vater nicht mit ins Kino?
4. Sind Danielas Eltern wirklich total gegen Filme?
5. Wie wisst ihr das?
6. Wie ist das mit euren Eltern? Gehen sie gern ins Kino?
7. Geht ihr manchmal mit euren Eltern oder Geschwistern ins Kino?
8. Seht ihr einen Film lieber *(rather)* im Kino oder zu Hause? Warum?

D. Wenn du mich fragst, ... Und du?

1. Ich interessiere mich für . . .
2. Mit meinen Freunden spreche ich gern über . . .
3. Ich denke oft an . . .
4. Ich habe mir schon lange kein(e/en) . . . angeschaut.
5. Ich finde Werbung . . .
6. Ich ärgere mich immer, wenn . . .
7. Ich habe die Nase voll von . . .
8. Momentan gibt's . . . im Fernsehen.

Blickpunkt: Das Hebbel-Theater

Vor dem Sehen

Zum Erkennen

die Bühne, -n	*stage*	das Schauspielhaus, ¨-er	*theater*
der 2. Weltkrieg	*World War II*	hauseigen-	*of its own*
überleben	*to survive*	zeitgenössisch	*contemporary*
erbaut	*built*	einladen	*to invite*
zerstört	*destroyed*	die Vorführung, -en	*performance*
anderthalb	*one-and-a-half*	unterschiedlich	*different*
die Konkurrenz	*competition*	der Schwerpunkt, -e	*point of focus*
die Presse- und	*PR work*	stolz auf	*proud of*
Öffentlichkeitsarbeit		außergewöhnlich	*extraordinary*

E. Mal sehen!

1. Interessiert ihr euch für Theater und Ballett?
2. Hat unsere Stadt kulturell viel zu bieten *(offer)*? Wenn ja, was gibt es hier alles?
3. Gibt es hier ein Theater? Wenn ja, hat es ein hauseigenes Ensemble oder kommen die Schauspieler und Künstler *(artists)* aus anderen Städten?

4. Welches Schauspielhaus hat in diesem Land einen besonders guten Namen?
5. Sind die Vorführungen zeitgenössisch oder vor allem traditionell?
6. Welches Ballettstück ist zu Weihnachten besonders beliebt?
7. Wer kommt zu diesem Ballettstück zu Weihnachten? Sind es vor allem Erwachsene *(adults)* und Studenten oder auch Kinder?
8. Wie oft geht ihr ins Theater?
9. Was kostet eine Eintrittskarte?
10. Gibt es momentan etwas Gutes im Theater? Wenn ja, was?

Nach dem Sehen

F. Richtig oder falsch?

____ 1. Das Hebbel-Theater ist alt.
____ 2. Es stammt aus *(dates back to)* dem Jahr 1980.
____ 3. Sven Neumann arbeitet seit fünf Jahren an der Kasse beim Hebbel-Theater.
____ 4. Die Stücke auf der Bühne sind international und zeitgenössisch.
____ 5. Das Theater hat sogar ein eigenes Ensemble.
____ 6. Die Stücke sind sehr unterschiedlich.
____ 7. Das Publikum *(audience)* variiert mit den Stücken.
____ 8. Am Hebbel-Theater wollen sie immer wieder etwas zeigen, was es auf anderen Berliner Bühnen nicht gibt.
____ 9. Die vier Schwerpunkte sind Film, Theater, Tanz und Musik.
____ 10. Wegen seines außergewöhnlichen Repertoires ist das Theater zu einer Berliner Institution geworden.

G. Fragen und Antworten

1. Wer hat in den 20er Jahren *(1920s)* am Hebbel-Theater seine Karriere begonnen?
2. Habt ihr verstanden, wo in Berlin das Hebbel-Theater ist?
3. Woher kommen die Schauspieler und Künstler an diesem Theater?
4. Habt ihr verstanden, wie viele Opernhäuser es in Berlin gibt?
5. Was für Puppen *(dolls)* sieht man in dem Stück von Jan Faber auf der Bühne?
6. Was tragen die Puppen?
7. Wie findet ihr die Zuschauer? Sind sie . . . (elegant, intellektuell, einfach usw.)?
8. Was zieht ihr an, wenn ihr ins Theater geht?
9. Zu welcher Jahreszeit ist dieses Video gefilmt? Was glaubt ihr? Wie kommt ihr darauf?
10. Am Ende des Videos nennt Sven Neumann ein paar Namen von internationalen Künstlern am Hebbel-Theater. Wisst ihr noch einen oder zwei dieser Namen? Habt ihr schon einmal von ihnen gehört?

H. Was ist das Gegenteil davon?

1. lachen	_____	6. traurig	_____
2. vergessen	_____	7. öffentlich	_____
3. außergewöhnlich	_____	8. zeitgenössisch	_____
4. national	_____	9. am Ende	_____
5. spannend	_____	10. Das ärgert mich.	_____

I. Genau gesehen. Was habt ihr im Video gesehen und was nicht?

Balkon	Kasse	Orchester
Bühne	Klavier	Progamm
Chor	Komponist	Schauspieler
Fernsehen	Maler	Tanz
Gemälde	Mikrofon	Vorstellung
Gitarre	Nachrichten	Zuschauer

Wir haben kein(e/en) . . . gesehen.

J. Kulturell gesehen. Nennt ein paar Sachen im Video, die *(which)* anders sind als *(than)* hier bei uns! Auf Deutsch bitte!

Kapitel (11)

Beziehungen

Zum Hören

Gespräche + Wortschatz

CD 5, Track 5

A. Jedem Tierchen sein Pläsierchen. Hören Sie zu und wiederholen Sie!

SONJA	Nicole, hör mal! „Gesucht wird: hübsche, dynamische, zärtliche EVA. Belohnung: gut aussehender ADAM mit Herz, Ende 20, mag Antiquitäten, alte Häuser, schnelle Wagen, Tiere, Kinder."
NICOLE	Hmm, nicht schlecht, aber nicht für mich. Ich mag keine Kinder und gegen Tiere bin ich allergisch.
SONJA	Dann schau mal hier! „Es gibt, was ich suche. Aber wie finden? Künstler, Anfang 30, charmant, unternehmungslustig, musikalisch, sucht sympathische, gebildete, zuverlässige Frau mit Humor." Ist das was?
NICOLE	Ja, vielleicht. Er sucht jemanden mit Humor. Das gefällt mir; und Musik mag ich auch. Aber ob er Jazz mag?
SONJA	Vielleicht können wir sie beide kennen lernen?
NICOLE	Ich weiß nicht. Mir ist das zu dumm, Leute durch Anzeigen in der Zeitung kennen zu lernen.
SONJA	Quatsch! Versuchen wir's doch! Was haben wir zu verlieren?
NICOLE	Was meinst du, Frank?
FRANK	Ich denke ihr seid verrückt. Aber naja, jedem Tierchen sein Pläsierchen! . . . Schaut mal hier! Da will jemand einen Hund, eine Katze und einen Vogel gemeinsam abgeben.
NICOLE	Das ist alles, was wir brauchen: einen ganzen Zoo! Nein, danke!
FRANK	Wie wär's denn mit einem kleinen Hund oder einem Kätzchen?
SONJA	Ich liebe Tiere, aber dafür habe ich momentan keinen Platz und auch nicht genug Zeit.
FRANK	Aber so ein kleines Kätzchen braucht nicht viel.
SONJA	Vielleicht später. Momentan liebe ich meine Freiheit.
FRANK	Und ihr wollt euch mit jemandem aus der Zeitung treffen?
NICOLE	Ach, davon verstehst du nichts!

> Suche neues Zuhause für unseren kleinen Zoo. Hund, Katze und Vogel gemeinsam abzugeben. 0941/447635.

B. Fragen. Welche Antwort ist richtig?

1. a. Sie lesen die Nachrichten.
   b. Sie lesen das Fernsehprogramm.
   c. Sie lesen Anzeigen.
2. a. Sie wollen ein Auto kaufen.
   b. Sie suchen einen Partner.
   c. Sie möchten eine Belohnung.
3. a. Der Mann ist ihr zu alt.
   b. Sie mag keine Antiquitäten.
   c. Sie ist allergisch gegen Tiere.
4. a. Er findet das keine schlechte Idee.
   b. Er möchte seinen Hund durch eine Anzeige verkaufen.
   c. Er findet das alles verrückt.

Aussprache: f, v, ph, w *(Pronunciation Guide III. 1, 4, and 5)*

CD 5, Track 6

A. Laute. Hören Sie zu und wiederholen Sie!

1. [f] **f**ast, **f**ertig, **f**reundlich, öf**f**nen, Brie**f**
2. [f] **v**erliebt, **v**erlobt, **v**erheiratet, **v**ersucht, **v**ergessen, **v**erloren, Philoso**ph**ie
3. [v] **V**ideo, Kla**v**ier, Sil**v**ester, Pullo**v**er, Uni**v**ersität
4. [v] **w**er, **w**en, **w**em, **w**essen, **w**arum, sch**w**arz, sch**w**er, z**w**ischen

B. Wortpaare. Hören Sie zu und wiederholen Sie!

1. *wine* / Wein   3. *oven* / Ofen   5. Vetter / Wetter
2. *when* / wenn   4. *veal* / viel   6. vier / wir

Was hören Sie jetzt?   ....

Struktur   CD 5, Track 7

11.1 The simple past

A. Was meinten sie? Ersetzen Sie das Subjekt!

1. Sie meinten es nicht. (ich)
   Ich meinte es nicht.

   ....
2. Ich wartete auf Klaus. (wir)
   Wir warteten auf Klaus.

   ....
3. Warum wussten wir nichts davon? (er)
   Warum wusste er nichts davon?

   ....

B. Was wünschte sie sich? Ersetzen Sie das Verb!

Sonja wollte ein Radio. (sich wünschen)
Sonja wünschte sich ein Radio.

....

11.2 The conjunctions *als, wenn, wann*

C. Bilden Sie einen Satz!

1. Beginnen Sie mit **Sie war nicht da, als . . . !**
   Er kam herein.
   Sie war nicht da, als er hereinkam.
   ....

2. Beginnen Sie mit **Ich sage es Ihnen, wenn . . . !**
   Ich weiß mehr.
   Ich sage es Ihnen, wenn ich mehr weiß.
   ....

3. Beginnen Sie mit **Wissen Sie, wann . . . !**
   Die Ferien beginnen.
   Wissen Sie, wann die Ferien beginnen?
   ....

11.3 Past perfect

D. Ersetzen Sie das Subjekt!

1. Wir hatten noch nicht angefangen. (du)
   Du hattest noch nicht angefangen.
   ....

2. Sie waren spazieren gegangen. (ich)
   Ich war spazieren gegangen.
   ....

Einblicke

CD 5, Track 8

Rumpelstilzchen

....

Web-Ecke

- For further listening and comprehension practice, visit the *Wie geht's?* Web site at **http://www.heinle.com**, where you can find a brief story about one man's quest to discover a true master of the house *(Der Herr im Haus)*. There is also a short dictation with sample sentences from the reading text of Chapter 11.

Zum Schreiben

A. Erweitern Sie Ihren Wortschatz!

Many adjectives are derived from other adjectives or from verbs or nouns. Certain suffixes characterize them as adjectives. A substantial number of adjectives you know end in **-ig, -lich, -isch,** or **-bar.**

1. Was ist das Adjektiv dazu?

    BEISPIEL: der Schmutz *(dirt)* **schmutzig**

    a. die Ruhe _____   f. das Glück _____

    b. die Lust _____   g. die Musik _____

    c. der Tag _____   h. die Fantasie _____

    d. der Freund _____   i. das Wunder _____

    e. der Sport _____   j. die Furcht *(fear, awe)* _____

2. Verstehen Sie diese Adjektive? Welches Wort ist darin? Was bedeutet das auf Englisch?

audible, by letter, by telephone, concerning business, edible, festive, grateful, hourly, hungry, icy, legible, motherly, playful, questionable, salty, sleepy, typical, washable

    BEISPIEL: geldlich   *monetary*

    a. essbar _____   j. geschäftlich _____

    b. lesbar _____   k. mütterlich _____

    c. waschbar _____   l. hungrig _____

    d. dankbar _____   m. salzig _____

    e. hörbar _____   n. eisig _____

    f. stündlich _____   o. schläfrig _____

    g. feierlich _____   p. typisch _____

    h. fraglich _____   q. telefonisch _____

    i. brieflich _____   r. spielerisch _____

B. Das Märchen vom Froschkönig. Ergänzen Sie die Verbformen in der Vergangenheit *(simple past)*, wenn nicht anders angegeben *(indicated)*!

    1. leben   In alten Zeiten _____ ein König, der _____
    2. haben   (1)   (2)

    3. sein   drei schöne Töchter, aber die dritte Tochter _____ so
                                           (3)

    4. wundern   schön, dass die Sonne sich _____. Im heißen Sommer
                                       (4)

5. gehen   _____ sie gern in den Wald, _____ sich an

6. setzen   (5)   (6)

7. spielen   einen kühlen Brunnen *(well)* und _____ mit einer

                                                    (7)

8. fallen   goldenen Kugel *(ball)*. Eines Tages _____ ihr die Kugel

                                                    (8)

9. rollen   aus der Hand und _____ in den Brunnen. Da

                                             (9)

10. anfangen   _____ sie _____ zu weinen. Plötzlich

                       (10)   (10)

11. kommen   _____ ein hässlicher Frosch *(frog)* mit einem dicken Kopf

                       (11)

12. fragen   aus dem Wasser und _____ die Prinzessin, warum sie so

                                     (12)

13. jammern   laut _____ *(carried on)*. Sie _____ dem

14. erzählen   (13)   (14)

15. fallen   Frosch, dass ihre goldene Kugel in den Brunnen _____

                                                        (15)

16. versprechen   *(had fallen)*. Der Frosch _____ ihr, die Kugel

                               (16)

17. wollen   zurückzubringen. Aber dafür _____ er ihr Freund sein, mit

                                   (17)

                ihr spielen, von ihrem Teller essen und in ihrem Bett schlafen. Als sie ja

18. sagen   _____, _____ der Frosch weg und

19. schw1men   (18)   (19)

20. bringen   _____ ihr die Kugel wieder. Die Königstochter

                       (20)

21. freuen   _____ sich sehr, _____ nach Hause und

22. laufen   (21)   (22)

23. vergessen   _____ den Frosch. Aber am nächsten Tag, als die Prinzessin

                       (23)

24. sitzen   und ihre Eltern und Geschwister beim Essen _____,

                                                     (24)

25. klopfen   _____ *(knocked)* jemand and die Tür. Als sie die Tür

                       (25)

26. öffnen   _____, _____ sie den Frosch vor der Tür

27. sehen   (26)   (27)

28. müssen   sitzen. Die Prinzessin _____ ihrem Vater sagen, dass der

                                   (28)

29. helfen   Frosch ihr _____ *(had helped)*, und der König

                       (29)

30. sprechen   _____: „Was du versprochen hast, musst du halten." Sie

                       (30)

31. lassen   _____ den Frosch herein und er _____ von

32. essen   (31)   (32)

33. trinken   ihrem Teller und _____ aus ihrem Glas. Als die Prinzessin
                                          (33)

34. liegen   im Bett _____ , sagte der Frosch: „Ich bin müde und will
                                  (34)

35. werden   in deinem Bett schlafen." Da _____ die Königstochter
                                                              (35)

                    böse (angry) und warf (threw) den Frosch an die Wand. Plötzlich

36. stehen   _____ vor ihr ein junger Königssohn mit freundlichen
                          (36)

37. danken   Augen und _____ ihr, weil sie ihn _____
38. erlösen   (37)   (38)

                    _____ (had released [from a spell]). Ein paar Tage später
                          (38)

39. heiraten   _____ sie und _____ in das Land seines
40. reisen   (39)   (40)

                    Vaters.

C. Verliebt, verlobt, verheiratet. Auf Deutsch bitte!

1. *When are they getting married?*

   _____

2. *I don't know when.*

   _____

3. *I'll ask them when they come.*

   _____

4. *When they were here on the weekend, they didn't say anything.*

   _____

5. *I had just brushed my teeth when she came home with a cake.*

   _____

6. *Had you (sg. fam.) waited long for him?*

   _____

D. Heiratsanzeigen. Sehen Sie auf die Anzeigen und beantworten Sie die Fragen!

Zum Erkennen: die Probezeit (trial period); freiwillig (voluntarily); die Trauung (wedding); die Hölle (hell); verlor (lost); der Kampf (struggle); zwickt es (it hurts a little); steuerpflichtig (taxable)

1. Wer ist Jasmin? Was hat sie Petra und Hedi freiwillig gegeben und wozu? Was mussten die beiden erst bestehen *(pass)?* Was erfahren wir dadurch über den Mann und die Frau? Wann war die Hochzeit oder Trauung und wo? Haben Sie schon einmal so eine ähnliche Anzeige gelesen? Was halten Sie davon?

_____

_____

_____

_____

_____

2. Wer gratuliert Inge und warum? Was für ein Typ ist Inge? Was für Typen sind sicher auch die Freunde? Was hilft im Leben über vieles hinweg *(over)?* Was soll man tun, wenn es mal irgendwo zwickt? Was halten Sie von dieser Anzeige?

_____

_____

_____

_____

E. Du, ich muss dir was sagen! Hören Sie zu, was Elke Ihnen erzählt, und reagieren Sie darauf, entweder mit Ausdrücken aus der Liste oder mit eigenen Worten! Was halten Sie davon? Geben Sie danach kurz Ihren eigenen Kommentar dazu!

Das war aber nicht nett von euch.   Und dann?
Ihr seid gemein *(mean)*.   Und was habt ihr da gemacht?
Das sieht euch ähnlich.   Keine Ahnung!
Ja, natürlich!   War er nett?
Ja, und?   Was denn?
Klar!   Wirklich?

UTE   Mensch, du glaubst gar nicht, was Marianne und ich gemacht haben.

SIE   _____

UTE   Du kennst doch Marianne, nicht wahr?

SIE   _____

UTE   Wir haben vor zwei Wochen eine Anzeige unter „Partnerwünsche" in die Zeitung gesetzt.

SIE   _____

UTE   Und da haben wir ungefähr fünfzehn verschiedene Antworten bekommen.

SIE   _____

UTE   Wir haben dann an einen Herrn geschrieben.

SIE   _____

UTE   Wir haben gesagt, wir treffen *(meet)* ihn vor dem Café Kranzler.

SIE   _____

UTE   Und da hat er dann auch auf uns gewartet—mit einer roten Rose im Knopfloch *(buttonhole)*.

SIE   _____

UTE   Er hat uns nicht besonders gefallen.

SIE   _____

UTE   So sind wir an ihm vorbeigegangen, ohne etwas zu sagen.

SIE   _____

UTE   Ich weiß.

Was ich davon halte: _____

_____

_____

_____

F. Aufsatz: Aus meinem Leben. Schreiben Sie eine kurze Geschichte von zehn bis zwölf Sätzen!

Erzählen Sie eine lustige oder interessante Geschichte aus Ihrem Leben (z. B. Ihre Schulzeit, eine Reise, Ferien mit Ihrer Familie, ein besonderes Tier usw.)!

_____

_____

_____

_____

_____

_____

_____

_____

_____

_____

Daniela und Inge haben Spaß mit Anzeigen in der Zeitung.

Video-aktiv

Minidrama: Der Märchenprinz

Vor dem Sehen

Zum Erkennen

der Kaufmann, -leute	*merchant*	die Pyramide, -n	*pyramid*
Ach was!	*Oh, come on!*	stecken bleiben	*to get stuck*
die Krabbe, -n	*shrimp*	vorbeibrausen	*to race by*
Du Dummerchen!	*You little dummy!*	der Typ, -en	*here: guy*

A. Mal sehen!

1. Was für Anzeigen gibt es in der Zeitung?
2. Habt ihr schon mal etwas durch die Zeitung gefunden? Wenn ja, was?
3. Lest ihr ab und zu Partneranzeigen oder Horoskope?
4. Fotografiert ihr gern? Wenn ja, was?
5. Was habt ihr für eine Kamera? Kann man damit gute Bilder machen?
7. Wohin bringt ihr eure Bilder? Warum gerade dahin?
8. Habt ihr (auch) eine Filmkamera? Wenn ja, was für eine?
7. Schickt oder bekommt ihr manchmal Bilder übers Internet?
8. Was haltet ihr davon?
9. Seid ihr schon mal in Mexiko gewesen? Wenn ja, wo?
10. Was habt ihr da gewöhnlich getrunken und was nicht?

Nach dem Sehen

B. Richtig oder falsch?

____ 1. Daniela sitzt in einem Gartencafé und liest ein Buch.
____ 2. Ihre Freundin Inge kommt dazu und bringt ihr eine Zeitung.
____ 3. Daniela liest Anzeigen in einer Zeitschrift.
____ 4. Sie tut das nur so zum Spaß.
____ 5. In einer Anzeige sucht ein 58-jähriger Kaufmann eine neue Katze, weil er sein Kätzchen verloren *(lost)* hat.
____ 6. Inge war gerade in Ägypten.
____ 7. Sie wollten zu den Pyramiden, aber ihr Bus ist stecken geblieben.
____ 8. Sie mussten zu Fuß zum Hotel zurücklaufen.
____ 9. Im Bus hat sie einen reichen Typ kennen gelernt.
____ 10. Sie zeigt Daniela ein paar Bilder von ihm.

C. Fragen und Antworten

1. Wie hat es Inge in Ägypten gefallen?
2. Wo war ihr Hotel?
3. Wo gingen sie schwimmen?
4. Wie gefiel ihr das Essen?
5. Was schmeckte ihr besonders?
6. Was tranken sie statt normalem Wasser?
7. Wie reagiert Daniela auf Inges Reisebericht (. . . *report)*?
8. Was soll Daniela tun, um auch so eine schöne Reise machen zu können?

D. Vokabelspiel mit Adjektiven. Eine(r) von euch sagt leise das Alphabet. Ein(e) andere(r) sagt dann „Stopp!" Wenn der Buchstabe zum Beispiel A ist, dann nennen die anderen so schnell wie möglich fünf bis sieben Adjektive damit.

BEISPIEL: A

alt, arm, attraktiv

Name _____ Datum _____ Kurs _____

Rückblick: Kapitel 8–11

I. Wortschatzwiederholung

A. Fragen

1. Welches Hauptwort kennen Sie dazu?

   a. fahren _____

   b. fliegen _____

   c. malen _____

   d. schenken _____

   e. sprechen _____

   f. verkaufen _____

   g. freundlich _____

   h. wöchentlich _____

   i. sportlich _____

   j. verliebt _____

2. Was ist ein Synonym dazu?

   a. mit dem Auto _____

   b. in 30 Minuten _____

   c. beginnen _____

   d. laufen _____

   e. telefonieren _____

   f. wunderbar _____

3. Was ist das Gegenteil davon?

   a. einsteigen _____

   b. gewinnen _____

   c. weinen _____

   d. sich anziehen _____

   e. sich ärgern _____

   f. sich hinsetzen _____

   g. fleißig _____

   h. gesund _____

   i. hübsch _____

   j. interessant _____

   k. leicht _____

   l. lustig _____

B. Welches Wort passt nicht?

1. wandern — gewinnen — spazieren gehen — laufen
2. hässlich — gemütlich — sympathisch — charmant
3. verheiratet — verschieden — ledig — geschieden
4. der Krimi — das Gemälde — das Theaterstück — der Roman
5. täglich — wöchentlich — monatlich — gewöhnlich

C. Bilden Sie eine Worttreppe mit Adjektiven!

    BEISPIEL: nett

                    temperamentvoll

                             lustig

II. Strukturwiederholung

D. Reflexivverben. Variieren Sie die Sätze!

1. **Willi hält sich fit.**
   Do you (formal) keep fit? They're not keeping fit. How did she keep fit? Keep fit (3×). I'd like to keep fit. We must keep fit. We had to keep fit.

   _____

   _____

2. **Sie erkälten sich wieder.**
   We'll get a cold again. Don't catch a cold again (3×). They've caught a cold again. She doesn't want to get a cold again. We had caught a cold again. Why do you (sg. fam.) always get a cold? They always caught a cold.

   _____

   _____

   _____

E. Am Morgen. Auf Deutsch bitte!

1. *You've (sg. fam.) got to get dressed.*

   _____

2. *First I want to take a shower and wash my hair.*

   _____

3. *And you (sg. fam.) need to shave.*

   _____

4. *Why don't you (pl. fam.) hurry up?*

   _____

5. *Listen (pl. fam.) to that.*

   _____

6. *He got annoyed and sat down.*

   _____

F. Verben mit Präpositionen. Bilden Sie Sätze!

    BEISPIEL: schreiben

                  Ich muss an meine Eltern schreiben.

1. denken: _____

2. sich freuen: _____

3. sich informieren: _____

4. sich interessieren: _____

5. reagieren: _____

6. sprechen: _____

7. träumen: _____

8. warten: _____

G. Infinitiv mit *zu*. Bilden Sie Sätze!

1. Es ist zu spät, _____ *(to buy a present)*.

2. Es ist zu spät, _____ *(to write him)*.

3. Es ist zu spät, _____ *(to start a book)*.

4. Es ist zu spät, _____ *(to invite all)*.

5. Es ist nicht leicht, _____ *(to get up early)*.

6. Es ist nicht leicht, _____ *(to always pay attention)*.

7. Es ist nicht leicht, _____ *(to keep in shape)*.

8. Es ist nicht leicht, _____ *(to learn a language)*.

H. Sagen Sie es im Perfekt!

1. Wohin geht ihr?—Wir besuchen Onkel Erich.

_____

2. Was machst du heute?—Ich gehe schwimmen.

_____

3. Wie gefällt Ihnen das Stück?—Es ist wirklich ausgezeichnet.

_____

4. Warum beeilt sie sich so?—Die Vorstellung fängt um acht an.

_____

5. Weißt du, dass er ein sehr guter Schwimmer ist?—Nein, er spricht nicht viel von sich.

_____

I. Bilden Sie Sätze im Plusquamperfekt (past perfect)!

1. wir / nicht / denken / damals / daran

_____

2. Daniela und Yvonne / gehen / zum Schwimmbad

_____

3. wir / sich anziehen / warm

_____

4. er / versprechen / mir / das / schon zweimal

_____

5. Auto / stehen bleiben / plötzlich

_____

6. das / sein / nicht so lustig

_____

7. aber / das / verdienen / er

_____

J. Die Trappfamilie. Was fehlt?

1. Gestern Abend haben sie im zweit_____ deutsch_____ Fernsehen den bekannt_____ Film

über die österreichisch_____ Familie Trapp gespielt. 2. Erst ist es ein deutsch_____ Theaterstück

gewesen und dann ist daraus ein amerikanisch_____ Film geworden. 3. Eigentlich kannte

ich diesen interessant_____ Film schon vom amerikanisch_____ Kino. 4. Aber ich sehe mir gern

amerikanisch_____ Stücke in deutsch_____ Sprache an. 5. Der ganz_____ Film spielt rings um

die hübsch_____ Stadt Salzburg. 6. Am Anfang war Maria in einem alt_____ Kloster

(convent, n.), aber sie fühlte sich bei den streng_____ (strict) Nonnen (nuns, pl.) nicht

richtig_____ wohl. 7. Eines Tages schickte die verständnisvoll_____ Oberin (mother superior)

sie zu der groß_____ Familie eines reich_____, verwitwet_____ Kapitäns. 8. Seine sieben_____

klein_____ Kinder waren anfangs nicht sehr nett_____, aber die temperamentvoll_____ Maria

hatte viel_____ gut_____ Ideen, wie sie die sieben Kinder unterhalten konnte. 9. Später heiratete

der verwitwet_____ Kapitän das jung_____ „Fräulein Maria". 10. Kurz nach ihrer fantastisch_____ Hochzeit kam das deutsch_____ Militär nach Österreich. 11. Weil der

österreichisch_____ Kapitän nicht zur deutsch_____ Marine *(f.)* wollte, verließen *(left)* sie nach

kurz_____ Zeit ihr schön_____, groß_____ Haus und flohen *(escaped)* über die hoh_____ *(high)*

Berge in die neutral_____ Schweiz. 12. Heute hat die bekannt_____ Trappfamilie ein neu_____,

groß_____ Haus im amerikanisch_____ Staat Vermont. 13. Wie in viel_____ der sogenannt_____

(so-called) wahr_____ Geschichten, ist im amerikanisch_____ Film *The Sound of Music* nicht

alles wahr_____. 14. Aber es ist ein nett_____ Film mit viel_____ schön_____Musik.

K. Ein Rendezvous. Sagen Sie es im Imperfekt!

1. Sonja und Stefan gehen am Samstagabend aus. 2. Zuerst versuchen sie, Opernkarten zu bekommen, aber alle Karten sind schon ausverkauft. 3. Dann wollen sie mit einem Taxi zum Theater fahren, aber sie können kein Taxi bekommen. 4. Als sie zum Theater kommen, gibt es auch keine Karten mehr. 5. Aber in der Nähe des Theaters ist ein Kino. 6. Dort läuft ein neuer Film. 7. Der Film gefällt ihnen ausgezeichnet, weil er sehr komisch ist. 8. Das Publikum lacht oft so laut, dass man nichts hören kann. 9. Als sie aus dem Kino kommen, sehen sie plötzlich Jürgen und Barbara. 10. In einem kleinen Restaurant essen sie ein paar Würstchen und trinken dazu ein Glas Bier. 11. Dann bummeln sie gemütlich durch die Stadt nach Hause.

_____

_____

_____

_____

_____

_____

L. *Als, wann* oder *wenn*?

1. _____ das Stück zu Ende war, klatschten die Leute.

2. Weißt du, _____ die Party anfängt?

3. Könnt ihr mir die Zeitschrift geben, _____ ihr damit fertig seid?

4. _____ ich den Roman vor zwei Jahren las, gefiel er mir nicht so gut.

5. Ich muss immer an euch denken, _____ ich dieses Lied im Radio höre.

6. Er wusste auch nicht, _____ seine Nachbarn zurückkommen sollten.

M. Der Genitiv. Was fehlt?

BEISPIEL: der Sender / Brief   **der Sender des Briefes**
                       der Brief / Annette   **Annettes Brief**

1. das Ende / das Wort   _____

2. die Farbe / unser Auto   _____

3. der Sohn / mein Onkel   _____

4. der Eingang / euer Haus   _____

5. der Name / der Komponist   _____

6. der Wunsch / alle Kinder   _____

7. die Taschen / manche Frauen   _____

8. die Musik / Beethoven   _____

9. das Stück / Bertolt Brecht   _____

10. die Geschichten / Herr Keuner   _____

N. Wo- und Da-Wörter

1. Kombinieren Sie!

BEISPIEL: mit   **womit? damit**

auf _____   durch _____

in _____   über _____

an _____   vor _____

zu _____   bei _____

für _____   zwischen _____

2. Was fehlt?

a. _____ denkst du? _____ Reise. *(of what, of my)*

b. _____ spricht Professor Schulz heute? _____ spannenden Buch.

(about what, about a)

c. _____ hast du geträumt? _____ Ferien. *(about what, about my)*

d. _____ wartest du? _____ Brief von Paul. Warte nicht

_____! *(for what, for a, for that)*

e. Trudi erzählt immer gern _____ Partys. _____ hat sie gerade

erzählt. *(about her, about that)*

f. Hast du schon _____ Eltern geschrieben? Ja, ich habe am Wochenende

_____ geschrieben. *(to your, to them)*

g. Er hat sich _____ Brief geärgert. _____ ärgert er sich nicht?

(about the, about what)

h. Interessiert Jürgen sich _____ Sport? Nein, _____ interessiert er

sich nicht. *(in, in that)*

i. Interessiert Jürgen sich _____ Sabine? Nein, _____ interessiert

er sich nicht. *(in, in her)*

O. Wann und wie lange?

1. Er fährt **morgen.**
   the day after tomorrow; after supper; Sundays; tomorrow morning at 4:30; in 15 minutes; Monday morning; on Tuesday; in February; on the weekend; in the evening; in the fall; most of the time; sometimes; each year; now; never; one day

   _____

   _____

   _____

2. Er bleibt **zwei Tage.**
   from March to May; until Wednesday; until Friday afternoon; until 10:45; for months; (for) one day

   _____

   _____

P. Damals. Erweitern Sie *(expand)* die Sätze mit den Wörtern in Klammern!

BEISPIEL: Damals ging Renate zur Musikschule in Dresden. (ein paar Jahre)
Damals ging Renate ein paar Jahre zur Musikschule in Dresden.

1. Ihre Eltern lebten in der Nähe von Riesa. (jahrelang)

_____

2. Renate hat in einem Schülerheim in Dresden gewohnt. (mit anderen Mädchen)

_____

3. Am Wochenende konnte sie einfach nach Hause fahren. (nicht)

_____

4. Sie hatte keine Zeit, mit der Bahn zu fahren. (stundenlang)

_____

5. Dafür ist sie während der Ferien zu Hause geblieben. (gewöhnlich)

_____

6. Ihre Schule soll leicht gewesen sein. (nicht)

_____

7. Sie musste jeden Tag arbeiten. (schwer)

_____

8. Manchmal hat sie stundenlang Klavier gespielt. (mit ihrer Freundin)

_____

9. Renate hatte sich für klassische Musik interessiert. (schon immer)

_____

10. Wir haben uns eines Tages kennen gelernt. (bei einem Musikwettbewerb in Weimar)

_____

_____

Q. Was fehlt?

1. Vorgestern haben wir fast den ganz_____ Abend vor unserem neu_____ Fernseher gesessen.

2. Um 18.20 Uhr gab es einen interessant_____ Bericht über das alt_____ Frankfurt mit seinen

viel_____ klein_____ Gassen *(streets)* und hübsch_____ Häusern, so wie es einmal war und was

man jetzt damit gemacht hat. 3. Nach den kurz_____ Nachrichten um 19.00 Uhr sahen wir

eine international_____ Show mit gut_____ Musikgruppen aus verschieden_____ Ländern.

4. Dazu gehörte auch ein toll_____ Orchester und ein groß_____ Chor. 5. Nach dieser

nett_____ Unterhaltung haben wir zum dritt_____ Programm gewechselt und uns eine

komisch_____ Oper von dem italienisch_____ Komponisten Rossini angesehen. 6. Eine

ausgezeichnet_____ Vorstellung! 7. Ein gut_____ Fernseher ist etwas Schönes, denn man kann

sich manche gut_____ Sendung gemütlich zu Hause ansehen.

R. Was stimmt?

1. Sie sitzen _____.
   a. vor dem Fernseher faul meistens   b. meistens faul vor dem Fernseher
   c. faul meistens vor dem Fernseher
2. Er fährt _____.
   a. mit dem Zug morgens zur Arbeit   b. zur Arbeit mit dem Zug morgens
   c. morgens mit dem Zug zur Arbeit
3. _____ Buch ist das?
   a. wer b. was c. wem d. wessen
4. Wie gefällt dir das Haus _____?
   a. unser Nachbar   b. unserem Nachbarn   c. unseren Nachbarn   d. unserer Nachbarn
5. Gestern Abend sind wir in ein nettes Restaurant _____.
   a. gewesen b. gegessen c. gegangen d. geblieben
6. Heute früh sind wir zu spät _____.
   a. aufgestanden b. eingeschlafen c. übernachtet d. angefangen
7. Wir haben Freunde zu einer Party _____.
   a. geschehen b. versprochen c. versucht d. eingeladen
8. _____ Peter schon nach Hause gekommen?
   a. hat b. ist
9. Meine Eltern _____ gestern nach München gefahren.
   a. haben b. sind
10. _____ ihr schon Zimmer reserviert?
    a. habt b. seid
11. _____ du dir schon die Zähne geputzt?
    a. hast b. bist
12. Er ist wirklich _____ Mensch.
    a. ein netter b. einen netten c. eines netten d. einem netten
13. Diese Schauspielerin hat _____ Haare.
    a. schönes rotes b. schöne rote c. schönen roten d. schön rot
14. Nehmen Sie die Gabel in _____ Hand!
    a. der linken b. die linke c. das linke d. die linken
15. Eva hat _____ Zimmer.
    a. einen hübschen b. eine hübsche c. ein hübsches d. eines hübschen
16. Wegen _____ Wetters sind wir zu Hause geblieben.
    a. das heiße b. des heißen c. dem heißen d. der heißen
17. Kinder, wascht _____ die Hände!
    a. sich b. ihre c. ihr d. euch
18. Ich möchte _____ ein Fahrrad kaufen.
    a. mir b. mich
19. Ich muss _____ ein paar Minuten hinlegen.
    a. mir b. mich
20. Wir haben uns _____ die schlechte Vorstellung geärgert.
    a. von b. über c. an d. auf
21. Die Studenten freuen sich schon sehr _____ ihre Ferien.
    a. von b. für c. an d. auf
22. _____ interessiert er sich?
    a. worauf b. worüber c. wofür d. wovon

23. Wir _____ in Frankfurt um.
    a. steigt b. stieg c. steigen d. gestiegen
24. Das Buch _____ auf der Kommode.
    a. legt b. legte c. lag d. gelegen
25. Ich _____ das Buch letzten Sommer.
    a. lass b. las c. ließ d. lässt
26. Hast du an die Karten _____?
    a. gedankt b. gedacht c. denken
27. Ich weiß auch nicht, _____ der Bus abfährt.
    a. wenn b. wann c. als
28. _____ wir in Österreich waren, sind wir viel Skilaufen gegangen.
    a. wenn b. wann c. als
29. Er ist meistens sehr müde, _____ er nach Hause kommt.
    a. wenn b. wann c. als
30. Es ist leicht, auf einer Reise viel Geld _____.
    a. ausgeben b. ausgegeben c. auszugeben

S. Auf Deutsch bitte!

1. *Kurt, what are you thinking of? — Of my vacation.*

   _____

2. *I'd like to hike in the mountains with Karl.*

   _____

3. *I've written to him, and now I'm waiting for his letter.*

   _____

4. *For that you can wait a long time.*

   _____

5. *When he says yes, it doesn't mean much.*

   _____

6. *Two years ago, it was the same* (**genauso**). *(pres. perf.)*

   _____

7. *When you had bought the tickets, he suddenly got ill.*

   _____

8. *He had caught a cold again.*

   _____

9. *If you'd like, I'll come along.*

   _____

10. *Do you feel like hiking in the mountains? — I'd like to.*

    _____

11. *When can we go? — On the first day of (the) vacation.*

    _____

12. *How are we going? — By train.*

_____

13. *Where will we spend the nights? — In inexpensive youth hostels.*

_____

14. *Can you bring along your father's camera* (**die Kamera**)?

_____

15. *No, his camera is too expensive; it can break* (**kaputt gehen**).

_____

16. *Maybe I'll take Susi's camera. Her camera is good, too.*

_____

Kapitel (12)

Wege zum Beruf

Zum Hören

Gespräche + Wortschatz

CD 5, Track 9

A. Weißt du, was du werden willst? Hören Sie zu und lesen Sie dann Elkes Rolle!

TRUDI	Sag mal Elke, weißt du schon, was du werden willst?
ELKE	Ja, ich will Tischlerin werden.
TRUDI	Ist das nicht viel Schwerarbeit?
ELKE	Ach, daran gewöhnt man sich. Ich möchte mich vielleicht mal selbstständig machen.
TRUDI	Das sind aber große Pläne!
ELKE	Warum nicht? Ich habe keine Lust, immer nur im Büro zu sitzen und für andere Leute zu arbeiten.
TRUDI	Und wo willst du dich um eine Lehrstelle bewerben?
ELKE	Überhaupt kein Problem. Meine Tante hat ihre eigene Firma und hat mir schon einen Platz angeboten.
TRUDI	Da hast du aber Glück.
ELKE	Und wie ist es denn mit dir? Weißt du, was du machen willst?
TRUDI	Vielleicht werde ich Zahnärztin. Gute Zahnärzte braucht man immer, und außerdem verdient man sehr gut.
ELKE	Das stimmt, aber das dauert doch so lange.
TRUDI	Ich weiß, aber ich freue mich trotzdem schon darauf.

B. Fragen. Antworten Sie ganz kurz auf Deutsch!

1. _____

2. _____

3. _____

CD 5, Track 10

Aussprache: b, d, g *(Pronunciation Guide III. 3)*

Laute. Hören Sie zu und wiederholen Sie!

1. [p] Obst, Herbst, Erbse, hübsch, ob, halb, gelb
   BUT [p / b] verliebt / verlieben; bleibt / bleiben; habt / haben
2. [t] und, gesund, anstrengend, Geld, Hand, sind
   BUT [t / d] Freund / Freunde; Bad / Bäder; Kind / Kinder; wird / werden
3. [k] Tag, Zug, Weg, Bahnsteig, Flugzeug, Berg
   BUT [k / g] fragst / fragen; fliegst / fliegen; trägst / tragen; legst / legen

Struktur

CD 5, Track 11

12.1 Comparison of adjectives and adverbs

A. Lang, länger, am längsten. Geben Sie den Komparativ und den Superlativ!

lang
länger, am längsten

....

B. Das Gleiche *(same)* oder besser. Ersetzen Sie das Adjektiv!

1. Bärbel ist so sportlich wie Ulrike. (musikalisch)
   Bärbel ist so musikalisch wie Ulrike.
   ....
2. Meikes Wohnung ist größer als meine Wohnung. (ruhig)
   Meikes Wohnung ist ruhiger als meine Wohnung.
   ....
3. Dieses Stück wird immer besser. (bekannt)
   Dieses Stück wird immer bekannter.
   ....
4. Das ist das beste Geschäft. (groß)
   Das ist das größte Geschäft.
   ....
5. Dieser Film war am lustigsten. (gut)
   Dieser Film war am besten.
   ....

12.2 The Future

C. Was wird passieren? Ersetzen Sie das Subjekt!

1. Wir werden ihn anrufen. (du)
   Du wirst ihn anrufen. Beginnen Sie!
   ....
2. Ich werde mich beeilen. (ihr)
   Ihr werdet euch beeilen.
   ....
3. Wird er kommen können? (Jutta und Sebastian)
   Werden Jutta und Sebastian kommen können?
   ....

D. Semesterferien. Was machen Sie?

Ich arbeite in einem Büro.
Ich werde in einem Büro arbeiten.

....

Einblicke

CD 5, Track 12

Die Berufswahl

....

Web-Ecke

- For further listening and comprehension practice, visit the **Wie geht's?** Web site at **http://www.heinle.com**, where you can hear three people tell about their work, asking you to identify their professions *(Was bin ich?)*. There is also a short dictation with sample sentences from the reading text of Chapter 12.

Zum Schreiben

A. Erweitern Sie Ihren Wortschatz! Bilden Sie Hauptwörter!

> Many nouns are derived from adjectives. Feminine nouns are characterized by such suffixes as **-e, -heit**, and **-keit**.

1. **BEISPIEL:** lang (ä)   **die Länge**

   a. kurz (ü)   _____   *shortness*

   b. warm (ä)   _____   *warmth*

   c. kalt (ä)   _____   *cold*

   d. nah (ä)   _____   *nearness, vicinity*

   e. weit   _____   *width, distance*

   f. groß (ö)   _____   *size*

2. **BEISPIEL:** frei   **die Freiheit**

   a. sicher   _____   *safety, certainty*

   b. dumm   _____   *stupidity*

c. gesund   _____   *health*

d. krank   _____   *sickness*

e. schön   _____   *beauty*

f. faul   _____   *laziness*

3. **BEISPIEL:**   wichtig   **die Wichtigkeit**

a. gemütlich   _____   *coziness*

b. möglich   _____   *possibility*

c. ehrlich   _____   *honesty*

d. vielseitig _____   *versatility*

e. traurig   _____   *sadness*

f. zuverlässig _____   *reliability*

B. Was fehlt? Ergänzen Sie die Lücken (*fill in the blanks*)!

Lieber Onkel Alfred!

Gerade hat man mich aus Berlin angerufen. Ich kann auch dort eine Stelle als

Journalistin haben. Du weißt ja schon, dass ich in Hamburg eine Möglichkeit

1. interessant   habe. Was soll ich tun? Beruflich ist eine Stadt so _____ wie die an-
                  (1)

2. groß   dere. Die Pressestadt Hamburg hat einige der _____ Zeitungen und
                  (2)

3. wichtig   Zeitschriften Deutschlands. Hamburg ist der _____ deutsche Hafen
                  (3)

                  (*port*). Nach Hamburg kommen Geschäftsleute aus allen Teilen der Welt. Jetzt,

                  wo Berlin wieder Hauptstadt ist, ist das für mich als Journalistin natürlich auch

                  faszinierend. Da erlebt man Geschichten aus erster Hand. Berlin ist wirklich

4. interessant   eine der _____ Städte der Welt. Finanziell ist Hamburg für mich
                  (4)

5. schlecht   _____. Ich werde dort _____ verdienen als in Berlin. Dafür
                  (5)   (6)
6. wenig

7. teuer   wird Berlin vielleicht _____ sein. Von Hamburg ist die Fahrt nach
                  (7)

8. kurz
9. billig
10. leicht
11. nah

Bremen _____ und _____. Man kann _____ mal
        (8)   (9)   (10)

nach Hause fahren. Auch ist Lübeck _____. Da arbeitet, wie du weißt,
                             (11)

mein Freund Ulf. Vor ein paar Wochen bin ich in beiden Städten gewesen und

12. gut

ich finde es nicht leicht zu sagen, welche Stadt mir _____ gefallen
                             (12)

13. gesund

hat. Das Klima in Berlin soll das _____ in Deutschland sein und das
                      (13)

14. vielseitig

Kulturleben am _____. Das Wetter in Hamburg ist bestimmt das
            (14)

15. furchtbar
16. groß

_____, aber Hamburg hat die „_____, _____ und
   (15)   (16)   (17)

17. alt
18. teuer

_____ Oper in Deutschland", wie man hier sagt. Die Menschen in
 (18)

19. offen
20. freundlich
21. gemütlich

Berlin fand ich _____, _____ und _____ als in
             (19)   (20)   (21)

Hamburg und nicht so reserviert. Ich weiß wirklich nicht, wo ich

22. gern

_____ wohnen und arbeiten möchte.
  (22)

Lass mich wissen, was du denkst!

Viele Grüße! Deine Ingeborg

C. Jetzt und später. Schreiben Sie die Sätze in der Zukunft!

1. An das Wetter gewöhnst du dich.

_____

2. Dort hat man eine bessere Zukunft.

_____

3. Ich spreche mit dem Herrn.

_____

4. Als Wissenschaftler verdienst du weniger, aber die Arbeit ist interessanter.

_____

5. Ihr habt auch mehr Verantwortung.

_____

6. Das gefällt euch.

_____

D. Wie weit ist es von . . . nach . . . ? Schauen Sie sich die untere Karte an und ziehen Sie fünf bis zehn Vergleiche *(make comparisons)* zwischen den verschiedenen Städten und ihrer Distanz zu Berlin!

BEISPIEL: Von Berlin nach Erfurt ist es weiter als von Berlin nach Hamburg.
Hamburg ist näher als Erfurt.

_____

_____

_____

_____

_____

_____

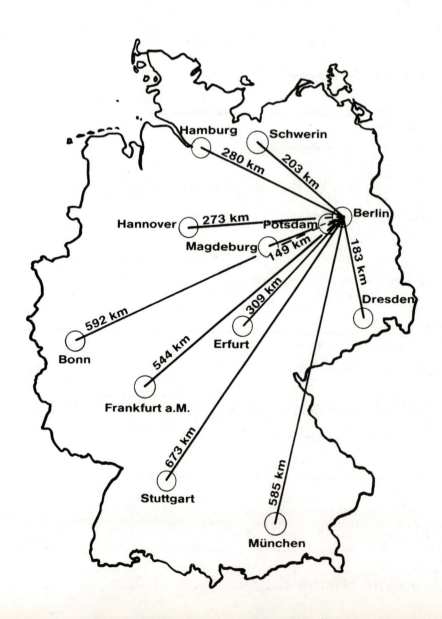

E. Wann sagen Sie das? Schreiben Sie Aussagen oder Fragen, worauf jemand wie angegeben *(as indicated)* reagiert!

BEISPIEL: Das Leben ist teuer.   Das stimmt.

1.   SIE   _____

   JEMAND   Genau!

2.   SIE   _____

   JEMAND   Na klar!

3.   SIE   _____

   JEMAND   Ach was!

4.   SIE   _____

   JEMAND   Das ist doch lächerlich!

5.   SIE   _____

   JEMAND   Gar nicht wahr!

6.   SIE   _____

   JEMAND   Das glaube ich nicht.

7.   SIE   _____

   JEMAND   Du hast Recht.

8.   SIE   _____

   JEMAND   Quatsch!

9.   SIE   _____

   JEMAND   Hoffentlich!

10.   SIE   _____

   JEMAND   Keine Ahnung!

11.   SIE   _____

   JEMAND   Das kommt darauf an.

12.   SIE   _____

   JEMAND   Im Gegenteil!

F. Aufsatz. Schauen Sie sich die Tabelle an und kommentieren Sie über die Chancen der verschiedenen Berufe. Schreiben Sie acht bis zehn Sätze mit Vergleichen in der Zukunft!

_____

_____

_____

_____

_____

_____

Chancen im Beruf		Wie geht's weiter?
Apotheker	✓	Apothekerschwemme°, Chancen in Forschung° und Verkauf.
Architekt	✓	Sanieren° und ökologisches Bauen bringt Arbeit in neuen Gebieten°.
Arzt	–	Schlechte Chancen, weil Krankenkassen° weniger zahlen; Niederlassungsbeschränkungen°.
Betriebswirt	+	Trotz Betriebswirtschwemme schaffen 40% den Sprung ins° Management.
Biologe	–	Hauptarbeitgeber Universitäten haben wegen zu wenig Geld wenig Stellen.
Bürokraft	+	Multitalent für den Büroalltag auch in Zukunft gefragt; Aufstieg° nicht leicht.
Chemiker	✓	Ausbildung allein nicht genug; was zählt, ist internationale Erfahrung.
Informatiker	+	Extraqualifikation Schlüssel zur Zukunft; Lerndruck° wegen rapider Entwicklung°.
Journalist	✓	Medien haben lieber schreibtalentierte Volkswirte, Politologen oder Informatiker.
Jurist	✓	Hauptarbeitgeber Staat hat wenig neue Stellen; gute Chancen in der Wirtschaft.
Krankenpfleger	+	Viele Jobs; neue Karrierechancen in der Hauskrankenpflege.
Lehrer	+	Jeder zweite Lehrer ist älter als 45; Schulen brauchen Nachwuchs°.
Maschinenbauingenieur	+	Technischer Alleskönner; jeder Dritte schafft den Sprung ins Management.
Psychologe	–	Schlechte Chancen, weil Krankenkassen weniger zahlen.
Volkswirt	+	Komplexe Wirtschaft braucht immer mehr Ökonomen in der Privatwirtschaft.
Zahnarzt	–	Ärzteschwemme verschlechtert auf Jahre Perspektiven von Einsteigern.

surplus / research

restoration
areas

insurances / ... restrictions
   in setting up practice

make it into

advancement

pressure
development

new recruits

Seyran Ates hilft als Rechtsanwältin hauptsächlich Frauen.

Video-aktiv

Minidrama: Anwälte gibt es wie Sand am Meer.

Vor dem Sehen

Zum Erkennen

Es gibt Schlimmeres	*There are worse things.*	die Zigarre, -n	*cigar*
das Studium	*course of study*	Pack an!	*Come, help me!*
Na klar!	*Of course!*	die Luft	*air*
die Betriebswirtschaft	*business administration*	der Möbelpacker, -	*mover*

A. Mal sehen!

1. Seid ihr schon mal umgezogen *(moved)*?
2. Macht so ein Umzug Spaß?
3. Habt ihr alles allein gemacht oder hat euch jemand dabei geholfen?
4. Was haltet ihr von einem Sommerjob als Möbelpacker?
5. Habt ihr viele Möbel in eurer Wohnung?
6. Gehören die Möbel euch oder zur Wohnung?
7. Was müsst ihr beim nächsten Umzug alles in Kartons packen?
8. Wie bringt ihr alles von einem Platz zum anderen?
9. Was sagt ihr, wenn etwas einfach und problemlos ist?
10. Was sagt ihr, wenn etwas Quatsch ist?

Nach dem Sehen

B. Was stimmt?

1. Martin und Günther arbeiten als _____.
   a. Taxifahrer   b. Möbelpacker   c. Möbelverkäufer
2. Sie tragen zusammen _____.
   a. einen grünen Sessel   b. ein blaues Sofa   c. eine lila Lampe
3. Günther hat sich die Arbeit _____ vorgestellt.
   a. besser   b. schöner   c. leichter
4. Betriebswirtschaft lernt man _____.
   a. an der Uni   b. auf dem Bauernhof   c. zu Hause
5. Günther träumt davon, bei der Arbeit _____.
   a. zu schlafen   b. Zigarre zu rauchen   c. reich zu werden
6. Martins Reaktion auf Günthers Berufsträume ist zu _____.
   a. lächeln   b. lachen   c. weinen
7. Martin sagt, wenn man arbeitet, dann hat man keine Zeit zu _____.
   a. essen   b. träumen   c. schlafen
8. Martin hat andere Pläne, denn er will _____ werden.
   a. Zahnarzt   b. Kinderarzt   c. Tierarzt
9. Martin braucht in seinem Beruf viel _____.
   a. frische Luft   b. gutes Essen   c. harte Arbeit
10. Martins Berufsweg wird nicht einfach sein, weil es da nicht _____ gibt.
    a. viele Stellen   b. viel Geld   c. viele Schulen

C. Fragen und Antworten

1. Was machen Martin und Günther, nachdem sie eine Weile *(for a while)* gearbeitet haben?
2. Wer ist müder, Martin oder Günther?
3. Warum ist er müder als sein Freund?
4. Gibt es noch schlimmere Ferienjobs als Möbelpacker? Woran denkt ihr?
5. Was studiert Günther momentan?
6. Wie stellt sich Günther das Leben bei einer großen Firma vor?
7. Wie stellt ihr euch die Arbeit bei einer großen Firma vor?
8. Warum will Martin Tierarzt werden?
9. Warum wird das nicht so einfach sein?
10. Wie sieht die Arbeit eines Tierarztes aus? Woran denkt ihr da?

D. Wenn du mich fragst, . . . Und du?

1. Wenn ich im Sommer arbeiten muss, arbeite ich als . . .
2. Ich möchte einmal . . . werden.
3. Dazu muss ich . . . Jahre . . .
4. Das Studium dauert . . .
5. Mir gefällt dieser Beruf, weil . . .
6. Man verdient dann ungefähr . . .
7. Wenn ich das werde, muss ich viel . . . , aber . . .
8. Wenn das mit dem Beruf nicht klappt *(doesn't work out)*, kann ich immer noch . . . werden.

Blickpunkt: Frauen im Beruf

Vor dem Sehen

Zum Erkennen

seitdem	*since then*	schwierig	*difficult*
deshalb	*therefore*	Kanzlei, -en	*law office*
Grund, ⸚e	*reason*	vertreten	*to represent*
Recht, -e	*right*	sich scheiden lassen	*to get divorced*
kämpfen	*to fight*	hin und wieder	*once in a while*
unterstützen	*to support*	irgendwann	*here: one day*
nach wie vor	*still*	ändern	*to change*
sich engagieren	*to get involved*	die Macht, ⸚e	*power*
zusätzlich	*in addition*	Anteil haben an	*to share in*

E. Mal sehen!

1. Wo seid ihr geboren?
2. Seid ihr dort auch zur Grundschule gegangen?
3. Seid ihr gern zur Schule gegangen? Warum (nicht)?
4. Haben eure Eltern euch oft bei den Hausaufgaben geholfen?
5. Was wollt ihr mal werden und warum?
6. Ist es schwierig *(difficult)*, . . . zu werden?
7. Wie lange müsst ihr noch studieren?
8. Kann man als Frau heute alles werden, was man will?
9. Könnt ihr zwei bis drei Berufe nennen, wo es mehr Frauen als Männer gibt?
10. Könnt ihr zwei bis drei Berufe nennen, wo es mehr Männer als Frauen gibt?

Nach dem Sehen

F. Richtig oder falsch?

_____ 1. Seyran Ates ist 1950 in Konstantinopel geboren.

_____ 2. Als sie sechs Jahre alt war, sind ihre Eltern nach Berlin gezogen.

_____ 3. Seitdem wohnt sie in Berlin.

_____ 4. Sie sagt, dass sie nicht gern in die Schule gegangen ist.

_____ 5. Sie war lieber zu Hause als in der Schule.

_____ 6. Ihre Mutter war Analphabetin, das heißt, sie konnte weder schreiben noch lesen.

_____ 7. Der Vater hat aber studiert und konnte ihr viel beibringen _(teach)_.

_____ 8. Die Eltern erzogen _(raised)_ sie als türkisches Mädchen und wollten, dass sie immer schön zu Hause blieb.

_____ 9. Das gefiel ihr nicht besonders, denn sie wollte viel lieber mit anderen Kindern spielen.

_____10. So lebte sie mehr oder weniger in zwei unterschiedlichen _(different)_ Welten.

G. Fragen und Antworten

1. Warum wollte Seyran Ates schon immer Rechtsanwältin werden?
2. Wen vertritt _(represent)_ sie vor allem?
3. Was für Fälle _(cases)_ hat sie oft?
4. Was tut sie, wenn ein Mann möchte, dass sie ihn vertritt?
5. Was findet sie für Frauen sehr wichtig?
6. Warum sind manche Immigrantinnen nicht in der Lage _(not able)_ zu kämpfen?
7. Glaubt sie, dass die Frauen in Deutschland alles werden können, was sie wollen?
8. Wo gibt es ein Problem?
9. Was müssen Frauen tun, um gute Stellen zu bekommen?
10. Was ist manchmal ein zusätzliches _(additional)_ Problem?

H. Wenn du mich fragst, . . . Und du?

1. Ich glaube, dass man hier in diesem Land . . . alles werden kann, was man möchte.
2. Man muss sich aber . . . und schwer . . .
3. Besonders schwierig ist es, wenn man . . .
4. Wir haben hier viele . . . Weil sie kein Englisch können, arbeiten sie oft . . .
5. Natürlich gibt es Schulen, wo . . .
6. Oft haben sie aber kein(e/en) . . .
7. Ich finde dieses Video . . .
8. Ich habe . . . alles verstanden. Die Übungen haben . . . geholfen.
9. Ich weiß, dass in Berlin viele . . . leben.
10. Was Seyran Ates sagt, . . .

I. Genau gesehen. Was gab's im Video und was nicht?

Ausländer		Fluss		Katzen	
Blumen		Geschäfte		Schulkinder	
Briefträgerin		Hausmann		Telefonzelle	
Bürgersteig		Hausschild		U-Bahnstation	
Büro		Hunde		Uhr	
Fahrrad		Imbissstube		Vögel	

Man sieht kein(e/en) . . .

J. Kulturell gesehen. Nennt ein paar Sachen im Video, die _(which)_ anders sind als hier bei uns! Auf Deutsch bitte!

Kapitel (13)

Das Studium

Zum Hören

Gespräche + Wortschatz

CD 6, Track 1

A. Bei der Immatrikulation. Hören Sie zu und wiederholen Sie!

PETRA	Hallo, John! Wie geht's?
JOHN	Ganz gut. Und dir?
PETRA	Ach, ich kann nicht klagen. Was machst du denn da?
JOHN	Ich muss noch Immatrikulationsformulare ausfüllen.
PETRA	Soll ich dir helfen?
JOHN	Wenn du Zeit hast. Ich kämpfe immer mit der Bürokratie.
PETRA	Hast du deinen Pass dabei?
JOHN	Nein, wieso?
PETRA	Darin ist deine Aufenthaltserlaubnis; die brauchst du unbedingt.
JOHN	Ich kann ihn ja schnell holen.
PETRA	Tu das! Ich warte hier so lange auf dich.

B. Etwas später. Hören Sie zu und lesen Sie dann Petras Rolle!

JOHN	Hier ist mein Pass. Ich muss mich jetzt auch bald entscheiden, welche Seminare ich belegen will. Kannst du mir da auch helfen?
PETRA	Na klar. Was studierst du denn?
JOHN	Mein Hauptfach ist moderne Geschichte. Ich möchte Seminare über deutsche Geschichte und Literatur belegen.
PETRA	Hier ist mein Vorlesungsverzeichnis. Mal sehen, was sie dieses Semester anbieten.

C. Richtig oder falsch? Sie hören fünf Sätze. Stimmt das?

1. richtig   falsch
2. richtig   falsch
3. richtig   falsch
4. richtig   falsch
5. richtig   falsch

Aussprache: s, ss, ß, st, sp *(Pronunciation Guide III. 6 and 12)*

CD 6, Track 2

Laute. Hören Sie zu und wiederholen Sie!

1. [z] sauber, sicher, **S**emester, **S**eminar, Pau**s**e
2. [s] Au**s**weis, Kur**s**, Profe**ss**or, wi**ss**en, la**ss**en, flei**ß**ig, Fu**ß**, Grü**ß**e
3. [št] **St**udium, **St**ipendium, **St**elle, **st**udieren, be**st**ehen, an**st**rengend
4. [st] zuer**st**, mei**st**ens, de**st**o, Kompon**ist**, Kün**st**ler
5. [šp] **Sp**iel, **Sp**ort, **Sp**aß, **Sp**rache, Bei**sp**iel, **sp**ät

Struktur

CD 6, Track 3

13.1 Present-time subjunctive

A. *Hätten* und *wären*. Ersetzen Sie das Subjekt!

1. Da hätte ich ein gutes Einkommen. (du)
   Da hättest du ein gutes Einkommen.

   …… …… …… …… ……

2. Dann wären sie selbstständig. (ihr)
   Dann wäret ihr selbstständig.

   …… …… …… …… ……

3. Sie würden ein Praktikum machen. (er)
   Er würde ein Praktikum machen.

   …… …… …… …… ……

B. Was ich machen würde. Sagen Sie die Sätze im Konjunktiv!

1. Ich fahre in die Stadt.
   Ich würde in die Stadt fahren.

   …… …… …… …… ……

2. Es ist zu schwierig.
   Es wäre zu schwierig.

   …… …… …… …… …… …… ……

C. Wenn nur . . . ! Ersetzen Sie das Verb!

1. Wenn er etwas lernte, . . . (fleißiger arbeiten)
   Wenn er fleißiger arbeitete, . . .

   …… …… …… …… ……

2. Wenn du kommen könntest, . . . (reisen wollen)
   Wenn du reisen wolltest, . . .

   …… …… …… …… ……

D. Was würden Sie tun, wenn Sie Zeit hätten? Sagen Sie ganze Sätze!

Wenn ich Zeit hätte, würde ich eine Reise machen. (mitkommen)
Wenn ich Zeit hätte, würde ich mitkommen.

…… …… …… …… ……

13.2 Past-time subjunctive

E. Was wir gemacht hätten. Ersetzen Sie das Subjekt!

1. Ich hätte das nicht getan. (wir)
   Wir hätten das nicht getan.

   …… …… ……

2. Sie wäre weitergefahren. (ihr)
   Ihr wäret weitergefahren.
   ....

3. Wir hätten dort wohnen können. (er)
   Er hätte dort wohnen können.
   ....

F. Wenn ich Zeit gehabt hätte. Ersetzen Sie das Verb!

Wenn ich Zeit gehabt hätte, . . . (zu Fuß gehen)
Wenn ich zu Fuß gegangen wäre, . . .
....

Einblicke

CD 6, Track 4

Ein Jahr drüben wäre super!
....

Web-Ecke

- For further listening and comprehension practice, visit the ***Wie geht's?*** Web site at **http://www.heinle.com**, where you can find an interesting conversation between a professor and a student who tries to get some special information before an exam *(Können Sie schweigen?)*. There is also a short dictation with sample sentences from the reading text of Chapter 13.

Zum Schreiben

A. Erweitern Sie Ihren Wortschatz!

> Among the most common nouns derived from verbs are nouns ending in **-er** and **-ung**. The nouns ending in **-er** are all masculine. Feminine nouns can be derived from them by adding **-in** (**verkaufen: Der Verkäufer, <u>die</u> Verkäuferin**). All nouns ending in **-ung** are feminine.

1. Geben Sie das Hauptwort! Was bedeutet das auf Englisch?

   BEISPIEL: malen
   der Maler; *painter*

   a. bewerben   _____   _____

   b. denken   _____   _____

   c. erzählen   _____   _____

   d. faulenzen   _____   _____

e. hören _____ _____

f. lesen _____ _____

g. sprechen _____ _____

h. teilnehmen _____ _____

i. träumen _____ _____

2. Geben Sie das Hauptwort! Was bedeutet das auf Englisch?

BEISPIEL: erkälten
die Erkältung; *cold*

a. bedeuten _____ _____

b. bestellen _____ _____

c. bezahlen _____ _____

d. besichtigen _____ _____

e. einladen _____ _____

f. empfehlen _____ _____

g. entscheiden _____ _____

h. erwarten _____ _____

i. prüfen _____ _____

B. Was fehlt? Ergänzen Sie die Lücken (*blanks*)!

Lieber Peter!

1. sein   Wir haben uns sehr über deinen Anruf gefreut. Es _____ ja
    (1)

prima, wenn du mit deiner Familie nach Deutschland kommen

2. können   _____. Im September _____ Michael und Doris
3. sein   (2)   (3)

4. haben   nicht hier, so dass wir für euch Platz im Haus _____. Wenn ihr
                                                       (4)

5. übernachten   aber lieber in einem Hotel _____ _____,
                           (5)

6. müssen   _____ ihr uns schreiben. Dann _____ wir euch
7. bestellen   (6)   (7)

8. nehmen   Zimmer _____. Ich _____ mir während eures
                     (7)   (8)

9. interessieren   Besuchs ein paar Tage frei _____. Wofür _____
                                                        (8)   (9)

10. müssen   ihr euch denn _____ ? Ihr _____ euch erst ein
                                          (9)   (10)

11. machen   mal München ansehen. Den Kindern _____ bestimmt der Zoo
                                                              (11)

              Spaß _____ und deiner Frau der Botanische Garten. Und wie
                              (11)

12. sein   _____ es mit Schlössern und Burgen? Die Kinder
                      (12)

13. sehen   _____ doch sicher gern Neuschwanstein. Wir
                      (13)

14. sollen   _____ auch eine Fahrt auf der Alpenstraße machen. Und wenn
                      (14)

15. sein   das Wetter schlecht _____ , _____ wir immer in
16. können   (15)   (16)

17. mögen   ein Museum gehen. Du hast auch gesagt, ihr _____ Salzburg
                                                                    (17)

18. haben   wiedersehen. Auf dem Weg _____ wir die Möglichkeit, euch
                                                (18)

19. haben   Schloss Herrenchiemsee zu zeigen. Vielleicht _____ ihr auch
                                                                      (19)

              Lust, in den Bergen zu wandern? Hier gibt es wirklich viel zu tun. Ruf uns an,

              wenn ihr am Flughafen seid! Besser wäre es noch, wenn wir genau

20. wissen   _____ , wann ihr ankommt. Dann könnten wir euch abholen
                      (20)

              (pick up). Also, mach's gut! Viele Grüße!

                                                                    Dein Detlef

C. Wünsche und Pläne. Auf Deutsch bitte!

1. *You should think of the future, Ms. Wolf.*

   _____

2. *I wish I knew where Peter is.*

   _____

3. *What would happen if we didn't drive today?*

   _____

4. *The earlier you* (sg. fam.) *come, the more we can see.*

   _____

5. *Could you* (pl. fam.) *please write us a letter?*

   _____

D. Stellenangebote. Lesen Sie das Stellenangebot und schreiben Sie den Text noch einmal im Konjunktiv!

bookkeeper / ... salary
flexible / animal insurance

> Wir suchen für sofort:
> BUCHHALTER/IN°. Gute Bezahlung, 13. Monatsgehalt°, Weihnachtsbonus und gleitende° Arbeitszeit. Bitte schreiben Sie an: Tierversicherung°, 31139 Hildesheim, Schützenallee 35, Telefon 0 51 21!

1. Wenn ich die Stelle akzeptiere, bekomme ich ein extra Monatsgehalt.

_____

2. Dann habe ich nicht nur zwölf Schecks im Jahr, sondern dreizehn.

_____

3. Zu Weihnachten geben sie mir einen Bonus.

_____

4. Das ist prima.

_____

5. Mit der gleitenden Arbeitszeit habe ich eine bestimmte Stundenzahl pro Woche.

_____

6. Es ist egal, wann ich morgens anfange.

_____

7. Es ist auch egal, wie oft ich Pausen mache.

_____

8. Ich bin einfach so viele Stunden pro Woche im Büro.

_____

9. Hildesheim ist nicht weit von euch.

_____

10. Das gefällt mir.

_____

E. Wenn ich Sie wäre! Lesen Sie, welchen Rat Frau Jakob Herrn Bingel gibt! Was ist das englische Äquivalent zu den unterstrichenen (underlined) deutschen Ausdrücken?

a. *are you allowed . . .*
b. *could I bring*
c. *how about . . .*
d. *I don't mind.*
e. *I'm sorry.*
f. *I would prefer it, too, . . .*
g. *if I were you . . .*
h. *it would be better if . . .*
i. *of course*
j. *one can't*
k. *would it be possible . . .*
l. *you ought to . . .*

_____ 1. <u>Sie sollten</u> mehr spazieren gehen!
_____ 2. Ja, <u>natürlich</u>. Ich weiß.
_____ 3. <u>Es wäre besser, wenn</u> Sie nicht jeden Tag so lange im Büro sitzen würden.
_____ 4. <u>Es wäre mir auch lieber,</u> wenn ich nicht so viel zu tun hätte.

© Heinle

_____ 5. <u>An Ihrer Stelle</u> würde ich nicht so viel arbeiten.

_____ 6. <u>Wie wär's, wenn</u> Sie sich einen Hund kauften? Dann würden Sie bestimmt öfter spazieren gehen.

_____ 7. <u>Darf man</u> bei Ihnen einen Hund haben?—Ja, natürlich.

_____ 8. Ich frage ja nur, weil <u>man</u> das <u>nicht</u> immer <u>kann</u>.

_____ 9. <u>Könnte ich</u> den Hund dann in den Ferien zu Ihnen <u>bringen</u>?

_____10. <u>Ich habe nichts dagegen.</u>

_____11. Und meine Katze, <u>wäre es möglich</u>, sie dann auch zu bringen?

_____12. Nein! Mein Frau ist allergisch gegen Katzen. <u>Es tut mir Leid.</u>

F. Aufsatz: Vorbereitung auf die Reise. Stellen Sie sich vor, Sie hätten gerade ein Stipendium für ein Austauschjahr in Deutschland bekommen. Was müssten sie alles vorbereiten, bevor Sie abfliegen könnten? Welche Papiere bräuchten Sie? Welche Bücher müssten Sie einpacken? Wer würde sich um Ihre Pflanzen *(plants)* und Tiere kümmern *(take care of)?* Wer würde Ihre Wohnung übernehmen? Was würden Sie mit Ihrem Fahrrad oder Auto tun? usw.

Video-aktiv

Martin und Daniela sprechen über das Studium in Amerika.

Minidrama: Amerika ist anders.

Vor dem Sehen

Zum Erkennen

eine harte Nuss	*a tough nut*	die Einladung, -en	*invitation*
durchkommen	*to get through*	schlimm	*bad*

A. Mal sehen!

1. Findet ihr Deutsch schwer?
2. Was ist besonders schwer und was ist leichter?
3. Wer oder was ist eine harte Nuss?
4. Hat jemand von euch ein Stipendium? Wenn ja, für wie lange?
5. Müsst ihr viel lesen? Wenn ja, für welches Fach besonders?
6. Geht ihr viel in die Bibliothek? Wenn nicht, warum nicht?
7. Habt ihr viele Prüfungen? Wenn ja, wo besonders?
8. Was muss man für die Deutschprüfungen wissen?
9. Lernt ihr manchmal zusammen für die Prüfungen? Wenn ja, wo tut ihr das?
10. Werdet ihr im Sommer auch zur Uni gehen? Warum (nicht)?

Nach dem Sehen

B. Was stimmt?

1. Daniela denkt, ihr Professor ist _____.
   a. ein toller Typ   b. eine harte Nuss   c. ein furchtbarer Mensch
2. Daniela hat eine Einladung zum Interview bei _____ bekommen.
   a. einer Firma   b. Harvard   c. Fulbright
3. Sie würde gern in Amerika _____ studieren.
   a. Germanistik   b. Amerikanistik   c. Linguistik

4. Sie interessiert sich besonders für _____.
   a. Barockliteratur   b. Exilliteratur   c. die Romantik
5. Martin meint, das Studium in Amerika wäre _____ in Deutschland.
   a. genauso wie   b. anders als   c. besser als
6. In Amerika müsste man aber viel mehr _____ als in Deutschland.
   a. Sport treiben   b. essen   c. lesen
7. In den Vereinigten Staaten gäbe es überhaupt mehr _____.
   a. Professoren   b. Prüfungen   c. Bibliotheken
8. Außerdem wären die Professoren in den Staaten _____.
   a. klüger   b. sportlicher   c. netter
9. Die _____ sollen auch besser sein.
   a. Geschäfte   b. Cafeterias   c. Studentenheime
10. Daniela _____ Amerika.
    a. ärgert sich über   b. hat Angst vor   c. freut sich auf

C. Fragen und Antworten

1. Würdet ihr gern einmal ein Jahr in Deutschland, Österreich oder der Schweiz studieren? Wenn ja, wo?
2. Wie lange würdet ihr bleiben, ein oder zwei Semester?
3. Was würde eure Familie dazu sagen?
4. Wie würdet ihr das finanzieren?
5. Was würdet ihr dort studieren?
6. Wo würdet ihr wohnen?
7. Wäret ihr interessiert an einer Gastfamilie?
8. Was würdet ihr mitnehmen?
9. Worauf würdet ihr euch besonders freuen?
10. Was würdet ihr vermissen?

D. Vokabelspiel mit Studienfächern und Berufen. Eine(r) von euch sagt leise das Alphabet. Ein(e) andere(r) sagt dann „Stopp!" Wenn es der Buchstabe M sein sollte, dann nennen die anderen so schnell wie möglich fünf bis sieben Studienfächer und/oder Berufe damit.

BEISPIEL: M

   Maschinenbau, Mathematik, Medizin usw.

Kapitel (14)

Einst und jetzt

Zum Hören

Gespräche + Wortschatz

CD 6, Track 5

A. Hier ist immer etwas los. Hören Sie zu und lesen Sie dann Martins Rolle!

HEIKE	Und das hier ist die Gedächtniskirche mit ihren drei Gebäuden. Wir nennen sie den „Hohlen Zahn", den „Lippenstift" und die „Puderdose".
MARTIN	Berliner haben doch für alles einen Spitznamen.
HEIKE	Der alte Turm der Gedächtniskirche soll als Mahnmal so bleiben, wie er ist. Die neue Gedächtniskirche mit dem neuen Turm ist aber modern.
MARTIN	Und sie sehen wirklich ein bisschen aus wie ein Lippenstift und eine Puderdose. Sag mal, wohnst du gern hier in Berlin?
HEIKE	Na klar! Berlin ist unheimlich lebendig und hat so viel zu bieten, nicht nur historisch, sondern auch kulturell. Hier ist immer was los. Außerdem ist die Umgebung wunderschön.
MARTIN	Ich hab' irgendwo gelesen, dass 24 Prozent der Stadtfläche Wälder und Seen sind, mit 800 Kilometern Fahrradwegen.
HEIKE	Ist doch toll, oder?
MARTIN	Wahnsinn! Sagt mal, warst du dabei, als sie die Mauer durchbrochen haben?
HEIKE	Und ob! Das werde ich nie vergessen.
MARTIN	Ich auch nicht, obwohl ich's nur im Fernsehen gesehen habe.
HEIKE	Wir haben die ganze Nacht gewartet, obwohl es ganz schön kalt war. Als das erste Stück Mauer kippte, haben wir alle laut gesungen: „So ein Tag, so wunderschön wie heute, so ein Tag, der dürfte nie vergehen."
MARTIN	Ich sehe immer noch die Leute oben auf der Mauer tanzen und feiern.
HEIKE	Ja, das war schon ein einmaliges Erlebnis. Damit hatte niemand gerechnet.
MARTIN	Ein völlig unerwarteter Augenblick.
HEIKE	Wer hätte gedacht, dass das alles so schnell gehen würde und so friedlich?
MARTIN	Seitdem hat sich hier vieles verändert. Die Spuren der Mauer sind fast verschwunden. Bist du froh, dass Berlin wieder Hauptstadt ist?
HEIKE	Und ob!

MARTIN Du lebst also gern hier?

HEIKE Ja natürlich. Wir Berliner klagen und machen uns lustig über unsere Stadt, aber wir lieben sie.

B. Fragen. Welche Antwort passt?

1. a. ein Lippenstift
   b. eine Puderdose
   c. ein Mahnmal
2. a. die Umgebung
   b. das Fernsehen
   c. die Mauer
3. a. im Bett
   b. vor dem Fernseher
   c. an der Mauer

CD 6, Track 6

Aussprache: pf, ps, qu *(Pronunciation Guide III. 19, 21, and 22)*

Laute. Hören Sie zu und wiederholen Sie!

1. [pf] **Pf**arrer, **Pf**effer, **Pf**lanze, **Pf**und, A**pf**el, Ko**pf**, em**pf**ehlen
2. [ps] **Ps**ychologe, **Ps**ychologie, **ps**ychologisch, **Ps**alm, **Ps**eudonym, Ka**ps**el
3. [kv] **Qu**atsch, **Qu**alität, **Qu**antität, **Qu**artal, be**qu**em

Struktur

CD 6, Track 7

14.1 Relative clauses

A. Die Menschen, die ich kenne. Sagen Sie es mit einem Relativpronomen!

1. Der Arzt ist gut.
   Das ist ein Arzt, der gut ist.
   ....
2. Den Maler kenne ich nicht.
   Das ist ein Maler, den ich nicht kenne.
   ....
3. Wir haben es der Dame gesagt.
   Das ist die Dame, der wir es gesagt haben.
   ....

B. Erklärungen *(explanations).* Stellen Sie Fragen!

1. Du hast die Gitarre gekauft.
   Ist das die Gitarre, die du gekauft hast?
   ....
2. Das Auto gehört dem Herrn.
   Wo ist der Herr, dem das Auto gehört?
   ....

14.2 Indirect speech

C. Was haben sie gesagt oder gefragt? Sagen Sie ganze Sätze!

1. Hans reist gern nach Saas-Fee.
   Sie sagte, dass Hans gern nach Saas-Fee reiste.

   Hans reist gern nach Saas-Fee.
   Das Dorf ist autofrei.
   Es gibt dort viele Alpenblumen.

© Heinle

Man kann auch im Juli Ski laufen gehen.
Er fährt bald wieder nach Saas-Fee.

2. Carolyn hat ein Jahr in Deutschland studiert.
Er erzählte, dass Carolyn ein Jahr in Deutschland studiert hätte.

Carolyn hat ein Jahr in Deutschland studiert.
Es hat ihr dort sehr gut gefallen.
In den Ferien ist sie gereist.
Sie ist auch in Griechenland gewesen.
Sie hat viele Menschen kennen gelernt.
Sie ist erst im August zurückgekommen.

Einblicke

CD 6, Track 8

Berlin, ein Tor zur Welt

....

Web-Ecke

• For further listening and comprehension practice, visit the *Wie geht's?* Web site at **http://www.heinle.com**, where you can find an unusual story about a student's wishful thinking that almost let him waste his life *(Einer, der das Warten gelernt hatte.)*. There is also a short dictation with sample sentences from the reading text of Chapter 14.

Zum Schreiben

A. Erweitern Sie Ihren Wortschatz!

Numerous German nouns are derived from verbs. Some are based on the infinitive stem; others show the vowel change of the simple past or the past participle.

1. Bilden Sie das Hauptwort dazu! Was bedeutet das auf Englisch? (Diese Wörter sind maskulin.)

BEISPIEL: teilen
der Teil; *part*

a. anfangen _____   *beginning*
call
b. kaufen _____   *dance*
plan
c. danken _____   *purchase*
gratitude

d. tanzen _____

e. planen _____

f. anrufen _____

2. Bilden Sie das Hauptwort dazu! Was bedeutet das auf Englisch? (Diese Wörter sind feminin.)

    BEISPIEL: reisen
                  die Reise; *trip*

    a. bitten   _____   *apprenticeship*
                                            border

                                            love
    b. duschen   _____   *rent*

                                              request
    c. lieben   _____   *shower*

    d. mieten   _____

    e. lehren   _____

    f. grenzen   _____

3. Was bedeutet das Hauptwort auf Englisch? Was ist das Verb dazu?

    BEISPIEL: die Tat
                  tun; *deed*

    a. die Hilfe   _____   *greeting*
                                              help

                                            language
    b. die Teilnahme   _____   *laundry*

                                              participation
    c. die Sprache   _____   *ban*

                                              reconstruction
    d. die Wäsche   _____   *wish*

    e. das Verbot   _____

    f. der Wunsch   _____

    g. der Gruß   _____

    h. der Wiederaufbau   _____

B. Diebstahl bei der Bank *(bank robbery).* Geben Sie das fehlende Relativpronomen!

1. Ein junger Mann hatte bei der Bank, in _____ er arbeitete, 1000 Euro gestohlen *(stolen).* 2. Als er sah, dass er das Geld, _____ er gestohlen hatte, nicht zurückzahlen konnte, bekam er Angst. 3. Er ging zu einem Rechtsanwalt, _____ er kannte und von _____ er wusste, dass er ihm vertrauen *(trust)* konnte. 4. Er

erzählte ihm alles, auch von seiner Frau, _____ Boss *(m.)* sie gerade an die frische Luft gesetzt hatte *(had fired her)*. 5. Der Rechtsanwalt hörte zu und fragte ihn dann: „Wie viel Geld können Sie aus der Bank nehmen, bei _____ Sie arbeiten, ohne dass andere Leute, _____ auch dort arbeiten, es wissen?" 6. „Nicht mehr als 1500 Euro", sagte der junge Mann, _____ nicht verstand, warum der Rechtsanwalt ihn das fragte. 7. „Bringen Sie mir morgen früh die 1500 Euro, _____ Sie nehmen können!", sagte der Rechtsanwalt. 8. Dann schrieb er diesen Brief, _____ er an die Bank schickte, von _____ der junge Mann das Geld gestohlen hatte: 9. Herr Huber, _____ bei Ihnen arbeitet, hat 2500 Euro gestohlen. 10. Seine Familie, _____ ihm helfen möchte, will Ihnen die 1500 Euro geben, _____ sie zusammengebracht hat. 11. Bitte geben Sie einem jungen Mann, _____ ganzes Leben noch vor ihm liegt, eine Chance! 12. Das tat die Bank, _____ Namen ich nicht nennen möchte, und der junge Mann konnte ein neues Leben beginnen.

C. Mendelssohn und Friedrich der Große.
Lesen Sie die Anekdote über Friedrich II. (oder Friedrich den Großen) von Preußen *(Prussia)* und wiederholen Sie alle direkte Rede indirekt!

Moses Mendelssohn, der Großvater des Komponisten Felix Mendelssohn, war ein sehr bekannter Philosoph und ein guter Freund Friedrichs II. (des Zweiten). Eines Tages war er beim König zum Abendessen eingeladen. Um sieben Uhr waren alle Gäste da, nur Mendelssohn nicht. Da wurde der König ungeduldig und fragte: „Wo ist Mendelssohn?" „Das weiß ich nicht", war die Antwort des Dieners *(servant)*. „Das ist typisch für die Philosophen! Wenn sie hinter ihren Büchern sitzen, vergessen sie alles." Da sagte Friedrich zu seinem Diener: „Bringen Sie mir ein Stück Papier!" Darauf schrieb er dann: „Mendelssohn ist ein Esel *(ass)*. Friedrich II." Das gab er dem Diener und sagte, „Legen Sie das auf Mendelssohns Platz!" Kurz danach kam Mendelssohn, sagte „Guten Abend!" und setzte sich. Er fand den Zettel *(note)*, las, was darauf stand, und begann zu essen. Der König aber fragte: „Na, wollen Sie uns nicht sagen, was auf dem Zettel steht?" Da stand Mendelssohn auf und sagte: „Das will ich gern tun. Mendelssohn ist EIN Esel, Friedrich der ZWEITE."

1. Der König fragte, _____

2. Der Diener antwortete, _____

_____

3. Der König meinte, _____

_____

4. Er sagte dem Diener, _____

_____

5. Darauf schrieb er, _____

6. Dann sagte er dem Diener, _____

_____

7. Der König fragte Mendelssohn, _____

8. Mendelssohn antwortete, _____

9. Auf dem Zettel stand, _____

D. Wenn Sie mich fragen, . . . Beenden Sie die Sätze!

1. Ich bin mir nicht sicher, aber ich glaube, dass _____

_____

2. Es ist möglich, dass _____

_____

3. Soviel ich weiß, _____

_____

4. Wahrscheinlich _____

5. Hoffentlich _____

6. Ich mache mir Sorgen um _____

7. Ich habe Angst vor _____

8. Wenn man gut verdienen will, braucht man einen Beruf. Deshalb _____

_____

9. Im Großen und Ganzen _____

E. Bildbeschreibung. Bilden Sie fünf Relativsätze über Schloss Sanssouci, gebaut unter Friedrich II. in Potsdam. Wenn Sie möchten, können Sie auch etwas mehr über Friedrich II. oder Potsdam hinzufügen *(add)*.

F. Aufsatz: Wie geht's weiter?

„Wenn ich einmal reich wär' " (aus dem Musical *Anatevka [Fiddler on the Roof]*) und „Wenn das Wörtchen wenn nicht wär' " sind zwei sehr beliebte Redewendungen *(figures of speech)* im Deutschen. Stellen Sie sich vor, das Wörtchen „wenn" gäbe es plötzlich nicht mehr und Sie hätten in der Lotterie gewonnen! Welche Träume würden Sie sich erfüllen?

Berlin hat viel Geschichte, ist aber auch sehr modern.

Video-aktiv

Minidrama: Eine Stadt mit vielen Gesichtern

Vor dem Sehen

Zum Erkennen

stark	*strong*	Da haben wir den Salat!	*Now we're in*
der Bohnenkaffee	*ground coffee*		*a mess!*
lecker	*delicious*	die Sahne, -n	*cream*
die Nusstorte	*nut cake*	Ist doch alles Sahne!	*That's all right!*
gründen	*to found*		

A. Mal sehen!

1. Trefft ihr euch oft mit Freunden?
2. Was tut ihr, wenn ihr zusammen seid?
3. Gibt's da gewöhnlich auch etwas zu essen oder zu trinken? Wenn ja, was?
4. Habt ihr sonntags manchmal Freunde bei euch zu Hause für Kaffee und Kuchen, oder ist das mehr etwas für ältere Leute?
5. Trinkt ihr viel Kaffee? Wenn ja, schwarz oder mit Zucker und Sahne?
6. Fotografiert ihr gern?
7. Seid ihr schon mal durch eure eigene Stadt gegangen und habt Bilder davon gemacht? Wenn nein, warum nicht?
8. Wovon macht ihr am liebsten Bilder?
9. Habt ihr eine Filmkamera, die ihr viel benutzt?
10. Schaut ihr euch gern alte Fotos oder Familienfilme an?

Nach dem Sehen

B. Was stimmt?

1. Tante Lydia sitzt auf dem Wohnzimmersofa, über dem ein _____ Bild hängt.
   a. rotes   b. grünes   c. blaues
2. Martin serviert ihr _____ Kaffee.
   a. kolumbianischen   b. brasilianischen   c. afrikanischen
3. Die Tante trinkt ihren Kaffee _____, weil er zu DDR-Zeiten doch so _____ war.
   a. süß / bitter   b. stark / billig   c. dünn / teuer
4. Sie kommt aus _____.
   a. Ost-Berlin   b. der früheren DDR   c. Tschechien
5. Tante Lydia hat mit Martin schon früher einmal _____ gegessen.
   a. Nusstorte   b. Kirschtorte   c. Käsesahnetorte
6. Sie zeigt ihm ein Foto von dem Haus, in dem _____ gelebt hat.
   a. Schiller   b. Goethe   c. Bismarck
7. Martin findet das Haus ganz einfach _____.
   a. einmalig   b. schrecklich   c. klassisch
8. Der Turm, den Tante Lydia fotografiert hat, steht _____.
   a. am Markt   b. beim Kunstmuseum   c. am Bahnhof

9. Vor dem Deutschen Nationaltheater in Weimar steht ein _____.
   a. Denkmal　b. Tor　c. Kiosk
10. Daniela wirft das Milchkännchen um *(throws over)*, aber sie meint _____.
    a. das hätte Spaß gemacht　b. es machte nichts　c. es wäre doch alles Sahne

C. Fragen und Antworten

1. Was macht Tante Lydia wahrscheinlich in ihrer Freizeit am liebsten?
2. Welche Rolle scheint Kaffee in einem deutschen Haushalt zu spielen?
3. Wie reagiert Tante Lydia, als sie die Torte probiert *(tries)*?
4. Welches Haus ist auf dem Foto, das Tante Lydia Martin zeigt? (Bitte mit Relativpronomen!)
5. Welche Goethe-und-Schiller-Statue zeigt Tante Lydia? (Bitte mit Relativpronomen!)
6. Welcher Turm ist auf dem Foto zu sehen? (Bitte mit Relativpronomen!)
7. Was ist in dem Deutschen Nationaltheater passiert? (Bitte mit Relativpronomen!)

D. Was sagt ihr, wenn . . . ?

1. etwas schief gegangen ist *(went wrong)*
2. alles in Ordung ist
3. ihr nicht mit etwas übereinstimmt *(agree)*
4. etwas wirklich einfach ist
5. eure Freunde absolut verschiedene Geschmäcker *(tastes)* haben
6. euch etwas egal ist
7. euch etwas besonders gut gefällt
8. ihr von einer Sache genug habt
9. euch etwas unglaublich scheint
10. ihr schockiert seid

Blickpunkt: Mein Berlin

Vor dem Sehen

Zum Erkennen

die Not	misery	der Handwerker, -	craftsman
der Einsatz	deployment	räumlich getrennt	separated by space
der Wahn	delusion	die Macht, -̈e	power
die Vorstellung	idea	die Bedeutung	significance
die Erinnerung an	memory of	die Laterne, -n	lantern
einheitlich	uniform	die Aufklärung	enlightenment
bedauerlich	unfortunate	spucken	to spit
das Bauwerk, -e	structure	heiter	happy, cheerful

E. Mal sehen!

1. Gibt es hier Busse? Wenn ja, sind es normale Busse, Doppelbusse (= Gelenkbusse) oder Doppeldeckerbusse?
2. Fahrt ihr ab und zu mit dem Bus? Wenn ja, wohin?
3. Hat sich hier in . . . in den letzten Jahren viel verändert? Wenn ja, was?
4. Was findet ihr prima?
5. Was findet ihr bedauerlich *(unfortunate)?*
6. Gibt es hier ein Gebäude, das eine Kuppel hat? Wenn ja, welches?
7. Welches andere berühmte Gebäude mit einer Kuppel kennt ihr?
8. Habt ihr es schon einmal besichtigt?
9. Kann man oben in die Kuppel steigen? Wenn ja, wie? Auf einer Treppe, auf einer Rampe oder mit dem Aufzug *(elevator)*?
10. Ist oben eine Aussichtsplattform *(observation deck)*? Wenn ja, was sieht man von dort oben?

Nach dem Sehen

F. Richtig oder falsch?

____ 1. Der nette alte Herr, der uns von Berlin erzählt, ist Architekt.

____ 2. Er ist dort 1935 geboren und lebt seit 1950 wieder in Berlin.

____ 3. Er sagt, dass er sich gut an die Kriegsjahre in Berlin erinnern kann.

____ 4. Er spricht auch von der Blockade und wie dankbar die Berliner über den Einsatz der Westmächte waren.

____ 5. Eigentlich fanden sie das damals ganz normal, weil sie ja schon immer Freunde waren.

____ 6. Ihm kommen jetzt noch die Tränen, wenn er an den ersten Bus aus Potsdam denkt.

____ 7. Er findet es bedauerlich, dass man heute kaum mehr weiß, wo die Mauer einmal war.

____ 8. Er sagt, es hätte sich viel verändert, nur nicht die Kleidung der Leute.

____ 9. Die Menschen wären heute ziemlich unfreundlich und würden sich für nichts interessieren.

____ 10. Er ist froh, dass Berlin wieder die Hauptstadt von Deutschland ist.

G. Fragen und Antworten

1. Was für Kriegsszenen zeigt das Video?
2. Weißt du, wie die Berliner die Flugzeuge nannten, die während der Blockade Lebensmittel brachten?
3. Welcher amerikanische Präsident sagte damals, dass Mr. Gorbatschow die Mauer öffnen sollte?
4. Was taten die Leute, als das plötzlich passierte?
5. Weißt du, von wann bis wann die Mauer stand?
6. Wie hießen die alten kleinen DDR-Autos?
7. Weißt du, wie der Fluss heißt, den wir im Video gesehen haben?
8. Wie gefällt dem Architekten das renovierte Reichstagsgebäude?
9. Welche Funktion hat es?
10. Was findet er so toll an der Kuppel?

H. Wenn du mich fragst, ... Und du?

1. Ich bin erst . . . geboren. Ich erinnere . . . an . . .
2. Ich habe viele Filme über . . . gesehen.
3. Als sie die Mauer öffneten, war ich . . .
4. Ich fand das einfach . . .
5. Wenn ich einmal nach Berlin komme, werde ich mir . . . anschauen.
6. Dann werde ich auch auf die Aussichtsplatform . . . gehen und auf die Leute im Bundestag . . .
7. Berlin scheint unheimlich . . .
8. Hier treffen sich . . .
9. Den alten Herrn, der uns von seinem Berlin erzählte, fand ich . . .
10. Ich kann mir vorstellen, dass er . . .

I. Genau gesehen. In eurem Haupttext habt ihr schon viel über Berlin gelesen und Bilder gesehen. Darum dürftet ihr all die Namen in der Tabelle unten kennen. Was gab's im Video und was nicht?

Brandenburger Tor	Fernsehturm	Sony Center
Brunnen *(fountain)*	Flugzeug	Spree
deutsche Flagge	Fußgänger	Trabbis
Dom	Gedächtniskirche	Verkehr
Doppeldeckerbus	Mauerreste	Wannsee
EU-Flagge	Reichstagsgebäude	Zoo

Da war alles, außer . . .

J. Kulturell gesehen. Nennt ein paar Sachen im Video, die anders sind als hier bei uns! Auf Deutsch bitte!

Kapitel (15)

Deutschland, Europa und die Zukunft

Zum Hören

Gespräche + Wortschatz

CD 6, Track 9

A. Zu Besuch in Weimar. Hören Sie zu und wiederholen Sie!

TOM   Komisch, dieses Denkmal von Goethe und Schiller kommt mir so bekannt vor. Ich glaube, ich habe es schon irgendwo gesehen.

DANIELA   Warst du eigentlich schon mal in San Franzisko?

TOM   Na klar!

DANIELA   Warst du auch im Golden Gate Park?

TOM   Ach ja, da steht genau das gleiche Denkmal. Das haben, glaub' ich, die Deutsch-Amerikaner in Kalifornien einmal bauen lassen.

DANIELA   Richtig! Übrigens, weißt du, dass Weimar 1999 Kulturhauptstadt Europas war?

TOM   Nein, das ist mir neu. Wieso denn?

DANIELA   Im 18. Jahrhundert haben hier doch viele berühmte Leute gelebt und die Weimarer Republik ist auch danach benannt.

TOM   Ja ja. Aber heute früh, als ich am Mahnmal vom Konzentrationslager Buchenwald auf die Stadt herabblickte, hatte ich sehr gemischte Gefühle.

DANIELA   Ja, da hast du natürlich Recht.

B. In der Altstadt. Hören Sie zu und lesen Sie dann Toms Rolle!

DANIELA   Schau mal, die alten Häuser hier sind doch echt schön.

TOM   Ja, sie sind gut restauriert worden. Ich finde es vor allem schön, dass hier keine Autos fahren dürfen.

DANIELA   Gott sei Dank! Die Fassaden hätten die Abgase der Trabbis nicht lange überlebt.

TOM   Bei uns gibt es jetzt auch eine Bürgerinitiative, alle Autos in der Altstadt zu verbieten, um die alten Gebäude zu retten.

DANIELA	Das finde ich gut.
TOM	Sind die Container da drüben für die Mülltrennung?
DANIELA	Ja, habt ihr das auch?
TOM	Das schon, aber da könnte man ganz bestimmt noch viel mehr tun. Zum Beispiel weiß ich nie, wohin mit alten Batterien oder Medikamenten.
DANIELA	Die alten Batterien bringst du zur Tankstelle und die alte Medikamente zur Apotheke.
TOM	Das geht bei uns nicht und so landet schließlich vieles in der Mülltonne.
DANIELA	Das ist bei uns verboten.
TOM	Das sollte es auch sein. Ihr seid da eben weiter als wir.

C. Richtig oder falsch? Sie hören fünf Sätze. Stimmt das?

1. richtig   falsch
2. richtig   falsch
3. richtig   falsch
4. richtig   falsch
5. richtig   falsch

Aussprache: Glottal Stops *(Pronunciation Guide II. 42)*

CD 6, Track 10

Laute. Hören Sie zu und wiederholen Sie!

1. +Erich +arbeitet +am +alten Schloss.
2. Die +Abgase der +Autos machen +einfach +überall +alles kaputt.
3. +Ulf +erinnert sich +an +ein +einmaliges +Abendkonzert +im +Ulmer Dom.
4. +Otto sieht +aus wie +ein +alter +Opa.
5. +Anneliese +ist +attraktiv +und +elegant.

Struktur

CD 6, Track 11

15.1 Passive voice

A. Was wird gemacht? Ersetzen Sie das Subjekt!

1. Er wird heute fotografiert. (wir)
   Wir werden heute fotografiert.
   ....
2. Ich wurde zur Party eingeladen. (ihr)
   Ihr wurdet zur Party eingeladen.
   ....
3. Du wirst angerufen werden. (Sie)
   Sie werden angerufen werden.
   ....

B. Wer hat das Hotel empfohlen? Beantworten Sie die Fragen!

Es wurde von dem Taxifahrer empfohlen. (ein Freund)
Es wurde von einem Freund empfohlen.
....

C. Wiederaufbau *(reconstruction)*. Sagen Sie die Sätze im Passiv! *(Don't express the agent.)*

Die Firma renoviert das Gebäude.
Das Gebäude wird renoviert.

....

D. Damals und heute. Sagen Sie die Sätze in einer anderen Zeit!

1. In der Vergangenheit
   Die Pläne werden gemacht.
   Die Pläne wurden gemacht.
   ....

2. Im Perfekt
   Das Schloss wird besichtigt.
   Das Schloss ist besichtigt worden.
   ....

3. In der Zukunft
   Es wird viel geredet.
   Es wird viel geredet werden.
   ....

E. Die Hochzeit. Was muss gemacht werden?

Wir müssen die Hochzeit feiern.
Die Hochzeit muss gefeiert werden.

1. Wir müssen die Hochzeit feiern.
2. Wir müssen Einladungen schreiben.
3. Wir müssen das Haus putzen.
4. Wir müssen die Blumen bestellen.
5. Wir müssen die Lebensmittel kaufen.
6. Wir müssen den Sekt kalt stellen.
7. Wir müssen Kuchen backen.
8. Wir müssen den Fotografen anrufen.

15.2 The various uses of *werden*

F. Jetzt hören Sie zehn Sätze. Welche Funktion hat **werden?** Ist **werden** ein volles Verb *(a full verb)* oder ist der Satz in der Zukunft, im Konjunktiv oder im Passiv? Passen Sie auf! *(Circle the correct answer.)*

1.	volles Verb	Zukunft	Konjunktiv	Passiv
2.	volles Verb	Zukunft	Konjunktiv	Passiv
3.	volles Verb	Zukunft	Konjunktiv	Passiv
4.	volles Verb	Zukunft	Konjunktiv	Passiv
5.	volles Verb	Zukunft	Konjunktiv	Passiv
6.	volles Verb	Zukunft	Konjunktiv	Passiv
7.	volles Verb	Zukunft	Konjunktiv	Passiv
8.	volles Verb	Zukunft	Konjunktiv	Passiv
9.	volles Verb	Zukunft	Konjunktiv	Passiv
10.	volles Verb	Zukunft	Konjunktiv	Passiv

Einblicke

CD 6, Track 12

Der Wind kennt keine Grenzen.

....

Web-Ecke

- For further listening and comprehension practice, visit the ***Wie geht's?*** Web site at **http://www.heinle.com**, where you can find an anecdote about Einstein and his coat *(Der Mantel)*. There is also a short dictation with sample sentences from the reading text of Chapter 15.

Zum Schreiben

A. Erweitern Sie Ihren Wortschatz!

> A (relatively small) number of German words have found their way into the American language and are listed in *Webster's*. You probably know most of them. Likewise, a considerably larger number of English words have also entered the German language, especially since World War II.

1. Was ist das deutsche Wort dafür?

   a. *a woman whose horizon is limited to her household* _____

   b. *an expression used when someone sneezes* _____

   c. *a special way of singing practiced in the Alps* _____

   d. *a pastry made of paper-thin dough and often filled with apples* _____

   e. *something like very dry toast, often given to teething infants* _____

   f. *a dog shaped like a sausage with short bowed legs* _____

   g. *a hot dog* _____

   h. *an adjective expressing that all is in ruins or done for* _____

   i. *a word which implies that something isn't real or genuine, but a cheaper substitute* _____

   j. *a cheer given when people drink together* _____

2. Lesen Sie! Beispiele wie die folgenden, in denen so viele Fremdwörter in einem Satz erscheinen, sind selten, aber möglich.

   a. Das ist der Journalist, der die Story von dem Come-back des Stars brachte.
   b. Nach der Show gab das Starlet ein Interview.
   c. Gestern haben wir im TV eine wunderbare Jazzshow gesehen. Das Musical heute Abend soll auch gut sein.
   d. Layout und Design sind hier besonders wichtig. Ein Layouter wird gut bezahlt.
   e. Manche Teenager denken, dass Make-up und Sex-Appeal das Gleiche sind.
   f. Die Effizienz in einem Office hängt vom Teamwork der Angestellten ab.
   g. Wenn ein Manager non-stop arbeitet, ist es kein Wunder, dass der Stress zu viel wird.
   h. Ein Banker weiß, dass guter Service sehr wichtig ist.
   i. Für unseren Flag Ship Store Berlin suchen wir eine(n) professionellen, systematisch-powervollen Sales Manager/in. Die Position umfasst *(includes)* den kompletten Sale und die Betreuung *(supervision)* unseres Exklusiv-Shops.

B. Gastarbeiter in Deutschland. Welches ist die richtige Übersetzung für die Verbform?

1. Um 1960 <u>wurde</u> es in Deutschland sehr <u>schwer</u>, genug Industriearbeiter zu finden.
   a. *was difficult*   c. *has been difficult*
   b. *became difficult*   d. *would be difficult*

© Heinle

2. Hunderttausende von ausländischen Arbeitern <u>wurden</u> in die Bundesrepublik <u>eingeladen</u>.
   a. *have invited*   c. *were invited*
   b. *would be invited*   d. *will be invited*

3. Diese Arbeiter aus der Türkei, aus Jugoslawien, Italien, Griechenland, Spanien und anderen Ländern <u>werden</u> Fremdarbeiter oder Gastarbeiter <u>genannt</u>.
   a. *are called*   c. *were called*
   b. *will call*   d. *would be called*

4. Am Anfang glaubte man, dass diese Arbeiter nach ein paar Jahren in ihre Heimat <u>zurückgehen würden</u>.
   a. *will go back*   c. *would go back*
   b. *went back*   d. *have returned*

5. Weil es aber dort keine Arbeit gab und weil die Arbeit in Deutschland nicht schlecht <u>bezahlt wurde</u>, blieben viele Gastarbeiter in der Bundesrepublik.
   a. *would pay*   c. *would be paid*
   b. *paid*   d. *was paid*

6. Leider <u>wird</u> es ihnen nicht leicht <u>gemacht</u>, sich in das deutsche Leben zu integrieren.
   a. *will make*   c. *will be made*
   b. *is being made*   d. *would be made*

7. Manche deutsche Stadtteile <u>sind</u> griechische oder türkische Gettos <u>geworden</u>.
   a. *have become*   c. *were*
   b. *are becoming*   d. *will become*

8. Weil die Kinder der Gastarbeiter oft kein Deutsch sprechen, <u>ist</u> in den Schulen viel experimentiert <u>worden</u>.
   a. *experiments are being conducted*   c. *experiments will be conducted*
   b. *experiments would be conducted*   d. *experiments were conducted*

9. Man weiß noch nicht, wo diese Kinder später <u>leben werden</u>.
   a. *would live*   c. *will live*
   b. *lived*   d. *are living*

10. Ohne die Gastarbeiter <u>könnte</u> die deutsche Industrie heute <u>nicht funktionieren</u>.
    a. *can't function*   c. *was unable to function*
    b. *will not be able to function* d. *couldn't function*

C. Übersetzungen. Auf Deutsch bitte!

1. *Why was that changed?*

   _____

2. *That can easily be explained.*

   _____

3. *What will they do now?*

   _____

4. *It's already getting dark.*

   _____

5. *It hasn't been torn down yet.*

   _____

6. *I'll be a lawyer.*

   _____

D. Das Deutsche Nationaltheater in Weimar. Beenden Sie die folgenden Sätze!

1. Das Goethe-Schiller- _____ in Ihrem Buch steht vor dem Nationaltheater in Weimar.
   a. Mahnmal   b. Denkmal   c. Abendmahl

2. Das Theater wurde am 9. Februar 1945 durch Bomben _____.
   a. abgerissen   b. erklärt   c. zerstört

3. Am 28. August 1948 wurde es nach zweijähriger Bauzeit wieder _____.
   a. eröffnet   b. gerettet   c. garantiert

4. Es war das erste Theatergebäude, das nach dem 2. Weltkrieg wieder _____ wurde.
   a. gebraucht   b. gerettet   c. aufgebaut

5. Seitdem *(since then)* werden dort wieder viele klassische und moderne, nationale und internationale _____ aufgeführt.
   a. Studien   b. Romane   c. Stücke

6. Den Namen „Deutsches Nationaltheater" bekam das Haus am 19. Januar 1919 im Zusammenhang mit *(in connection with)* der Weimarer Nationalversammlung *(National Assembly)*, die hier vom 6. Februar bis zum 11. August 1919 _____.
   a. zusammenkam   b. zusammenwuchs   c. erklärte

7. An der Stelle des jetzigen Theaters stand früher das alte Hoftheater, in dem nicht nur Goethes „Faust," _____ auch Wagners „Lohengrin," Hebbels „Nibelungen" und Humperdincks „Hänsel und Gretel" ihre Premieren hatten.
   a. allerdings   b. etwa   c. sondern

8. Beim Wiederaufbau des Nationaltheaters 1946–1948 wurde das Innere *(interior)* des Theaters, das an das alte Barocktheater erinnerte, enorm _____.
   a. verboten   b. verändert   c. verloren

9. Die Weimarer sind stolz _____ ihr Theater.
   a. von   b. für   c. auf

E. Der Frankfurter Römer. Sehen Sie auf das Bild und lesen Sie den Text dazu! Finden Sie das Passiv und übersetzen Sie die Formen!

BEISPIEL: zerstört wurden
were destroyed

© *Heinle*

1. Hier sehen Sie ein Bild von mehreren schönen alten Gebäuden in Frankfurt, die im Zweiten Weltkrieg zerstört worden waren.

_____

2. Zuerst sollten sie nicht wieder aufgebaut werden, weil das zu teuer war.

_____

3. Durch Bürgerinitiativen sind sie gerettet worden.

_____

4. Heute sind die Gebäude fertig, aber auf dem Bild sieht man, wie zwischen 1980 und 1985 daran gebaut wurde.

_____

5. Man hat die Fassaden so gelassen, wie sie vor dem Krieg waren, aber innen sind die Gebäude modernisiert worden.

_____

6. Die Renovierung dieser Fachwerkhäuser *(half-timbered houses)* wurde damals von der Stadt mit 15 Millionen Mark finanziert.

_____

7. Leider sind dabei Fehler gemacht worden.

_____

8. Die Mieter ärgerten sich darüber, dass in den Wänden immer wieder neue Risse *(cracks)* gefunden wurden.

_____

9. Es musste herausgefunden werden, wer dafür verantwortlich gemacht werden konnte.

_____

10. Diese Gebäude sind am Römerberg *(name of a square)*, zwischen dem Dom und dem Römer—so heißt ein Gebäudekomplex. Auch der Dom und der Römer sind restauriert worden.

_____

11. Vor mehreren hundert Jahren sind Kaiser und Könige im Dom gekrönt *(crowned)* worden.

_____

12. Danach wurde auf dem Römerberg gefeiert.

_____

13. Heute wird im Römer geheiratet, denn dort ist das Frankfurter Standesamt *(civil marriage registry)*.

_____

F. Sprichwörter. Lesen Sie die Sprichwörter und finden Sie die englische Version auf der Liste!

____ 1. Lieber ein Spatz (sparrow) in der Hand als eine Taube (pigeon) auf dem Dach.

____ 2. Rom ist nicht an einem Tag gebaut worden.

____ 3. Es ist noch kein Meister vom Himmel gefallen.

____ 4. Der Apfel fällt nicht weit vom Stamm (stem).

____ 5. Was Hänschen nicht lernt, lernt Hans nimmermehr (nevermore).

____ 6. Viele Köche verderben (spoil) den Brei (porridge).

____ 7. Lügen (lies) haben kurze Beine.

____ 8. Ohne Fleiß kein Preis.

____ 9. Morgenstund' hat Gold im Mund.

____ 10. Morgen, morgen, nur nicht heute, sagen alle faulen Leute.

____ 11. Wie man sich bettet, so liegt man.

____ 12. Wo ein Wille ist, ist auch ein Weg.

____ 13. Ende gut, alles gut.

a. *A bird in the hand is worth two in the bush.*

b. *All's well that ends well.*

c. *He's a chip off the old block.*

d. *If you don't learn it when you're young, you'll never learn it. (i.e., You can't teach an old dog new tricks.)*

e. *Lies have short legs. (The truth will come out.)*

f. *No man is born a master of his craft.*

g. *No pain, no gain.*

h. *Rome wasn't built in a day.*

i. *The early bird catches the worm.*

j. *Tomorrow, tomorrow, not today, all the lazy people say.*

k. *Too many cooks spoil the broth.*

l. *Where there's a will there's a way.*

m. *You've made your bed, lie in it!*

G. Situationen. Welches Sprichwort passt dazu?

1. Arnold ist gerade Manager einer Bankfiliale (branch) geworden und hat jetzt ein sehr gutes Einkommen. Sein Chef (boss) hält viel von ihm. Warum? Arnold ist jahrelang früh ins Büro gekommen und hat seine Arbeit immer prompt gemacht. Wenn die anderen Angestellten kamen, hatte er schon viel fertig.

_____

2. Thomas muss sein Zimmer putzen, aber immer wieder sagt er „Später!" Drei Tage später sagt er immer noch „Ich habe jetzt keine Zeit." Da denkt sich sein Zimmerkollege:

_____

3. Der 10-jährige Sebastian wollte gern ein neues Fahrrad. Weil er aber in der Schule nicht gerade fleißig war, waren seine Noten nicht besonders gut. Sein Vater versprach ihm ein neues Fahrrad, wenn seine Noten besser würden. Es dauerte eine Weile, aber nach einem Jahr konnte er stolz auf einem tollen neuen Fahrrad zur Schule fahren.

_____

4. Maria ist frustriert, weil sie für ihre Klavierstunden so viel üben muss. Das, was sie übt, macht ihr keinen Spaß, weil ihre Freundinnen schon viel besser spielen können. Am liebsten würde sie aufhören, Klavier zu spielen. Da sagt ihre Lehrerin:

_____

5. Petra und ihr Mann Oskar kochen beide gern. Oskar wollte Kartoffelsuppe machen und fing damit an, aber nach einer Weile wurde er ans Telefon gerufen und Petra machte weiter. Als sie sich dann an den Tisch setzten, um ihre schöne Suppe zu essen, machten sie beide saure Gesichter. Die Suppe war furchtbar salzig und scharf *(spicy)*. Beide hatten Salz und Pfeffer hineingetan.

6. Rüdiger fährt gern Auto. Er hat aber kein Auto und den Mercedes seines Vaters darf er nicht fahren. Als sein Vater auf einer Geschäftsreise war, setzte er sich trotzdem ins Auto und fuhr damit in die Stadt. Und da ist es dann beim Parken passiert ein großer Kratzer *(scratch)!* „Ich weiß nicht, woher der Kratzer kommt. Ich habe dein Auto nicht gefahren", sagt er seinem Vater. Aber die Nachbarin hat alles gesehen und erzählt Rüdigers Mutter davon beim Kaffeeklatsch.

H. Aufsatz: Bei uns in . . . Beschreiben Sie, was man in einer Stadt, die Sie gut kennen, macht oder gemacht hat! Sind Gebäude abgerissen oder renoviert worden? Ist viel gebaut worden und wo wird immer noch gebaut? Ist die Stadt dadurch schöner geworden? Was wäre noch zu tun?

Video-aktiv

Spukt der alte Kuno wirklich durch das Haus?

Minidrama: Der Wind, der Wind, das himmlische Kind.

Vor dem Sehen

Zum Erkennen

ins Wasser fallen — *to be cancelled*
spuken — *to spook*

© Heinle

| Der Wind, der Wind, das himmlische Kind! | *It's nothing, just the wind! (That's, by the way, what Hänsel and Gretel told the witch in Humperdinck's opera when she asked who was there.)* |

A. Mal sehen!

1. Glaubt ihr an Gespenster *(ghosts)*?
2. Gibt es bei euch ein Haus, in dem ein Gespenst wohnen soll?
3. Lest ihr gern Gespenstergeschichten?
4. Was haltet ihr von alten Häusern? Würdet ihr gern in einem alten Haus wohnen?
5. Was für Möbel mögt ihr, antike oder moderne?
6. Was für Gemälde mögt ihr, moderne oder alte?
7. Wie alt ist das Haus, in dem eure Familie wohnt?
8. Wisst ihr, wann es gebaut wurde?
9. Wisst ihr, wann diese Uni gebaut wurde?
10. Wie gefällt es euch hier an der Uni?

Nach dem Sehen

B. Was stimmt?

1. Martin ärgert sich, weil die Party _____.
   a. langweilig war   b. zu weit weg war   c. ins Wasser gefallen ist
2. Das Haus der Familie Winter wurde schon im _____ gebaut.
   a. 15. Jahrhundert   b. 16. Jahrhundert   c. 17. Jahrhundert
3. Jean Paul findet ihr Haus _____.
   a. gemütlich   b. modern   c. altmodisch
4. Die Stadt, in der die Winters wohnen, ist _____ älter als ihr Haus.
   a. wenigstens 600 Jahre   b. etwa 350 Jahre   c. 1000 Jahre
5. Jean Paul wird nervös, weil er _____.
   a. schlecht hört   b. etwas hört   c. an Gespenster glaubt
6. Der alte Kuno auf dem Gemälde ist _____.
   a. Daniela unbekannt   b. ein Vorfahre *(ancestor)* der Winters   c. Ihr Lieblingsprofessor
7. Das antike Tischchen, das Jean Paul so schön findet, ist _____.
   a. importiert   b. handgemacht   c. unverkäuflich
8. *(Raten Sie!)* Wenn der alte Kuno spukt, dann _____.
   a. ist ihm furchbar schlecht   b. wird der Teppich nass   c. hört man Geräusche
9. Martin geht nach draußen und macht Geräusche, weil er _____.
   a. das lustig findet   b. Angst hat   c. neugierig *(curious)* ist
10. *(Raten Sie!)* Martin zitiert *(quotes)* einen Satz aus *Hänsel und Gretel*, weil er _____.
    a. gefährlich ist   b. Angst hat   c. das lustig findet

C. Was ist das englische Äquivalent der unterstrichenen Wörter? Nur ganz schnell mündlich *(orally)* bitte!

1. Bevor das Haus von den Winters gekauft werden konnte, sollte es abgerissen werden.
2. Vor vielen Jahren war das Haus von einem reichen Kaufmann erbaut worden, aber dann wurde es von einem Tischler übernommen.
3. Natürlich musste es umgebaut *(to convert)* werden, bevor es auch als Werkstatt *(workshop)* benützt werden konnte.
4. Nach etwa 200 Jahren wurde die Werkstatt geschlossen, weil die großen Maschinen nicht mehr hineinpassten.
5. Es war fast schon von der Stadt an einen Rechtsanwalt verkauft worden, als es von den Winters gekauft wurde.
6. Mit viel Geld konnte es renoviert werden.
7. Bevor alles möbliert werden konnte, mussten die alten Böden *(floors)* herausgerissen werden, das Dach ersetzt werden und eine Heizung *(heating system)* eingebaut werden.
8. Das alles wurde schnell gemacht, nur die Holztreppen *(wooden stairs)* konnten nicht mehr gerettet werden.

© Heinle

9. Nun <u>müssen</u> nur noch die Wände <u>gestrichen</u> *(to paint)* <u>werden</u>, bevor man einziehen kann.

10. Das Haus <u>wird</u> von den Winters in der Zukunft bestimmt <u>gut gepflegt</u> *(to treat well)* <u>werden</u>, denn es <u>soll</u> auch für weitere Generationen <u>erhalten</u> *(to preserve)* <u>werden</u>.

D. Was noch? Noch ein bisschen mehr im Konkunktiv und im Passiv!

Note, exercise D and C are very difficult and should be totally optional!

Für Jean Paul ist alles neu im Haus der Winters. Er interessiert sich für alles Historische. Für Daniela und Martin, die schon immer alte Sachen um sich herum gehabt haben, ist das nichts Neues. Mal sehen, was es da noch zu fragen oder zu erzählen gäbe!

1. Was würde euch an Jean Pauls Stelle interessieren? Was würdet ihr fragen / hättet ihr gefragt?

2. Welche weiteren Details würden Daniela und Martin über ihr Haus erzählen? Bis jetzt hat Jean Paul ja nur das Wohnzimmer gesehen. Was würde er in den anderen Zimmern sehen und was würden Daniela und Martin darüber erzählen?

3. Nach seinem Besuch bei den Winters trifft Jean Paul seinen besten Freund. Was würde Jean Paul ihm über das Haus der Winters erzählen?

4. Was würdet ihr euren Freunden über dieses Video erzählen?

E. Eine Gespenstergeschichte. Wie war das noch mal?

Denkt an den alten Kuno! Vielleicht ist er ja wirklich ein Gespenst geworden und spukt durch das Haus. Erfindet *(invent)* eine Geschichte über den alten Kuno! So könnte alles begonnen haben:

„Im Jahr 1568 wurde Kunibert vom Walde als jüngster Sohn eines Raubritters *(robber baron)* geboren . . . bis endlich das Gemälde auf dem Dachboden *(in the attic)* gefunden wurde. Das ist alles, was ich weiß."

Name _____ Datum _____ Kurs _____

Rückblick: Kapitel 12–15

I. Wortschatzwiederholung

A. Was ist der Artikel dieser Wörter? Was bedeuten sie auf Englisch?

1. _____ Haushaltsgeld _____

2. _____ Chemielabor _____

3. _____ Zwischenprüfungsnote _____

4. _____ Rechtsanwaltsfirma _____

5. _____ Liebesgeschichte _____

6. _____ Berglandschaft _____

7. _____ Hals-Nasen-Ohrenarzt _____

8. _____ Berufsentscheidungsproblem _____

9. _____ Lebenserfahrung _____

10. _____ Wintersemestervorlesungsverzeichnis _____

B. Was passt?

1. Nennen Sie das passende Verb!

   a. der Gedanke _____   e. der Versuch _____

   b. der Plan _____   f. der Wunsch _____

   c. der Traum _____   g. das Gebäude _____

   d. der Verkäufer _____   h. die Erklärung _____

2. Geben Sie das Gegenteil davon!

   a. arm _____   e. hässlich _____

   b. dick _____   f. hell _____

   c. faul _____   g. langweilig _____

   d. furchtbar _____   h. privat _____

i. schmutzig _____   o. verbieten _____

j. schwierig _____   p. vergessen _____

k. abreißen _____   q. der Krieg _____

l. aufhören _____   r. das Nebenfach _____

m. sammeln _____   s. die Sicherheit _____

n. suchen _____   t. die Zerstörung _____

II. Strukturwiederholung

C. Vergleiche

1. Geben Sie den Komparativ und den Superlativ!

BEISPIEL: lang
länger, am längsten

a. berühmt _____   j. hübsch _____

b. dumm _____   k. kalt _____

c. faul _____   l. kurz _____

d. gern _____   m. nett _____

e. groß _____   n. sauber _____

f. gut _____   o. stolz _____

g. heiß _____   p. schwierig _____

h. hoch _____   q. viel _____

i. nahe _____   r. warm _____

2. Was fehlt?

a. Wir wohnen jetzt in _____ Stadt. (*a prettier*)

b. Die Umgebung ist noch _____ vorher. (*more beautiful than*)

_____

c. Es gibt kein _____ Umgebung. (*more interesting*)

d. Peter hat _____ Arbeit. (*the most strenuous*)

e. Aber er hat _____ Einkommen. *(the highest)*

f. Er hat immer _____ Ideen. *(the most and the best)*

g. Es gibt keinen _____ Kollegen. *(nicer)*

h. Sie geben ihm _____ Freiheit. *(the greatest)*

i. _____ er hier ist, _____ gefällt es ihm. *(the longer, the better)*

j. Die Lebensmittel kosten _____ bei euch. *(just as much as)*

k. Die Häuser kosten aber _____ bei euch. *(less than)*

D. Bilden Sie Relativsätze!

BEISPIEL: die Dame, _____, . . . / Sie wohnt im dritten Stock.
Die Dame, **die im dritten Stock wohnt,** . . .

1. der Freund, _____, . . .

   a. Er war gerade hier.

   _____

   b. Du hast ihn kennen gelernt.

   _____

   c. Ihm gehört das Büchergeschäft in der Goethestraße:

   _____

   d. Seine Firma ist in Stuttgart.

   _____

2. die Ärztin, _____, . . .

   a. Ihre Sekretärin hat uns angerufen.

   _____

   b. Sie ist hier neu.

   _____

   c. Wir haben durch sie von dem Programm gehört.

   _____

   d. Ich habe mit ihr gesprochen.

   _____

3. das Gebäude, _____, . . .

   a. Ihr werdet es bald sehen.

   _____

   b. Du bist an dem Gebäude vorbeigefahren.

   _____

   c. Es steht auf der Insel.

   _____

   d. Man hat von dem Gebäude einen wunderschönen Blick (m).

   _____

4. die Leute, _____, . . .

   a. Sie sehen aus wie Amerikaner.

   _____

   b. Dort steht ihr Bus.

   _____

   c. Die Landschaft gefällt ihnen so gut.

   _____

   d. Du hast dich für sie interessiert.

   _____

   e. Du hast mit ihnen geredet.

   _____

E. Sagen Sie die Sätze in der Zukunft!

1. Ich nehme an einer Gruppenreise teil.

_____

2. Das ist billiger.

_____

3. Du musst ihnen das Geld bald schicken.

_____

4. Meine Tante versucht, uns in Basel zu sehen.

_____

5. Wie findet sie uns?

_____

6. Das musst du ihr erklären.

_____

F. Bilden Sie ganze Sätze im Konjunktiv!

1. Konjunktiv der Gegenwart oder **würde**-Form

    a. ich / mich / fühlen / besser // wenn / die / Arbeit / sein / fertig

    _____

    b. das / sein / wunderschön

    _____

    c. ihr / können / uns / dann / besuchen

    _____

    d. ich wünschte // Rolf / haben / mehr Zeit

    _____

    e. wenn / ich / nur / können / sich gewöhnen / daran!

    _____

    f. erklären / können / du / mir / das?

    _____

    g. ich wünschte // er / nicht / reden / so viel am Telefon

    _____

    h. was / du / tun?

    _____

2. Konjunktiv der Vergangenheit

    a. wir / nicht / sollen / in / Berge / fahren

    _____

    b. ich wünschte // sie (_sg._) / zu Hause / bleiben

    _____

    c. das / sein / einfacher

    _____

    d. wenn / wir / nur / nicht / wandern / so viel!

    _____

    e. wenn / du / mitnehmen / bessere Schuhe // die Füße / wehtun / dir / nicht

    _____

f. du / sollen / mich / erinnern / daran

_____

g. ich / es / finden / schöner // wenn / ich / bleiben / zu Hause

_____

G. Verben. Variieren Sie den Satz!

Ich studiere hier.

I'll study here. I'd study there. Would you (sg. fam.) _like to study there? I wish I could study there. She could have studied there. If I study there, my German will get better. If I were to study there, I could visit you_ (pl. fam.). _I should have studied there._

_____

_____

_____

_____

H. Indirekte Rede. Ein Brief von David aus Amerika.

„Ich habe eine nette Wohnung. Mein Zimmerkollege _(roommate)_ ist aus New York. Ich lerne viel von ihm. Ich spreche nur Englisch. Manchmal gehe ich auch zu Partys. Ich lerne viele nette Studenten kennen. Die meisten wohnen im Studentenheim. Das ist mir zu teuer. Die Kurse und Professoren sind ausgezeichnet. Ich muss viel lesen und es gibt viele Prüfungen, aber eigentlich habe ich keine Probleme."

1. Erzählen Sie, was David geschrieben hat! Benutzen Sie dabei den Konjunktiv der Gegenwart _(present-time subjunctive)_!

   BEISPIEL: David schrieb, er hätte eine nette Wohnung. Sein Zimmerkollege wäre aus New York . . .

_____

_____

_____

_____

2. Was schrieb David damals über seine Zeit in Amerika? Benutzen Sie dabei den Konjunktiv der Vergangenheit _(past-time subjunctive)_!

   BEISPIEL: David schrieb, er hätte eine nette Wohnung gehabt. Sein Zimmerkollege wäre aus New York gewesen . . .

_____

_____

_____

_____

_____

_____

I. Wiederholen Sie die Sätze im Passiv!

1. Viele Studenten besuchen diese Universität.

_____

2. Dieses Jahr renoviert man die Studentenheime.

_____

3. Man baut ein neues Theater.

_____

4. In dem alten Theater hat man viele schöne Theaterstücke gespielt.

_____

5. Am Wochenende haben sie dort auch Filme gezeigt.

_____

6. In der Mensa sprach man dann darüber.

_____

7. Man wird das Theater am 1. Mai eröffnen.

_____

8. Man muss diesen Tag feiern.

_____

J. Ein Jahr Deutsch! Auf Deutsch bitte!

1. Now I have finished (**fertig werden mit**) my first year of German. 2. I've really learned a lot. 3. I never would have thought that it could be so much fun. 4. Not everything has been easy. 5. I had to learn many words. 6. Many questions had to be answered. 7. Soon we'll have our last exam. 8. Because I've always prepared (myself) well, I don't have to work so much now. 9. After the exam we will be celebrating. 10. I've been invited to a party by a couple of friends. 11. If I had the money, I'd fly to Europe now. 12. Then I could see many of the cities we read about, and I could use my German.

_____

_____

_____

K. Was fehlt?

1. Ich finde dieses Buch am _____.
   a. interessant b. interessanter c. interessanten d. interessantesten
2. Das ist der _____ Kassettenrecorder.
   a. teuer b. teurer c. teuerste d. teuersten
3. Den _____ Leuten gefällt es hier.
   a. meisten b. meistens c. am meisten d. meiste
4. Der rote Pullover ist nicht _____ der graue Pullover.
   a. so warm wie b. wärmer c. am wärmsten d. immer wärmer
5. Er ist ein _____ typisch_____ Beamt_____.
   a. -er, -er, -er b. -en, -en, -en c. er, -er, -er d. —, -er, -er
6. Hast du gewusst, dass Andreas _____ Schweizer ist?
   a. ein b. einen c. —
7. Ist Karin _____?
   a. ein Beamter b. der Beamte c. Beamtin
8. Das sind die Geschäftsleute, von _____ er gesprochen hat.
   a. die b. wem c. deren d. denen
9. Da drüben ist das Gebäude, in _____ mein Büro ist.
   a. das b. der c. dem d. denen
10. Ist das der Krimi, _____ dir so gut gefallen hat?
    a. der b. dem c. den d. wer
11. Kennen Sie eine Rechtsanwältin, mit _____ ich darüber sprechen kann?
    a. wem b. der c. dem d. denen
12. Wie heißt die Professorin, _____ Biologiekurs dir so gut gefallen hat?
    a. der b. deren c. dessen d. denen
13. Wenn wir Veras Telefonnummer hätten, _____ wir sie einladen.
    a. werden b. wollen c. würden d. wären
14. Ich wünschte, ich _____ mit euch ins Kino gehen.
    a. kann b. konnte c. könnte d. kannte
15. Wenn wir am Wochenende Zeit haben, _____ wir aufs Land.
    a. fahren b. fuhren c. führen d. würden
16. Wenn er mich nur helfen _____!
    a. ließe b. ließ c. läse d. las
17. Wenn du früher ins Bett _____, wärest du nicht so müde.
    a. gehst b. gingst c. gingest d. gehest
18. Sie sagte, sie _____ ihr Auto am Dom geparkt.
    a. hat b. hatte c. hätte d. würde
19. Ich wünschte, ich _____ früher aufgestanden.
    a. war b. wäre c. habe d. hätte
20. Das hättest du mir wirklich sagen _____.
    a. kannst b. könntest c. gekonnt d. können
21. Diese Burg ist im 18. Jahrhundert zerstört _____.
    a. würde b. wird c. geworden d. worden
22. Erika ist endlich wieder gesund _____.
    a. würde b. wurde c. geworden d. worden
23. Dieses Gebäude wird nächstes Jahr repariert _____.
    a. werden b. geworden c. worden d. wurde
24. Das _____ uns nicht gut erklärt worden.
    a. wird b. ist c. hat d. sein
25. _____ ihr Deutsch belegen?
    a. wird b. würde c. werdet d. wirst
26. Die Rechnung muss noch bezahlt _____.
    a. sein b. werden c. worden d. wurde

Answer Key for the *Rückblick* Review Activities

Kapitel 1–3

A. 1. verkaufen 2. sagen / antworten 3. gehen 4. südlich 5. im Osten 6. geschlossen / zu 7. nichts 8. teuer 9. dünn 10. klein 11. langsam 12. furchtbar

B. 1. die Buttermilch 2. das Bananeneis 3. der Kartoffelsalat 4. die Salatkartoffel 5. die Lebensmittelrechnung 6. die Limonadenflasche 7. das Marmeladenbrot 8. der Obstkuchen 9. der Zitronenpudding

C. 1. Familie 2. Abendessen 3. Löffel 4. Obst 5. Gemüse 6. Großvater, Onkel 7. Bleistift, Kuli, Papier 8. Mantel, Jacke 9. die Mensa 10. das Café 11. Kleidergeschäft / Kaufhaus

D. 1. Wir trinken Saft. Trinkt ihr Saft? Sie trinkt keinen Saft.
2. Ich antworte den Leuten. Sie antworten den Leuten. Antwortet sie den Leuten? Antworten Sie den Leuten! Antworten Sie den Leuten nicht! Warum antwortet ihr den Leuten nicht?
3. Sie fahren nach Stuttgart. Warum fährt sie nach Stuttgart? Ich fahre nicht nach Stuttgart. Fährst du / fahrt ihr / fahren Sie nach Stuttgart? Fahren Sie nach Stuttgart! Fahren Sie nicht nach Stuttgart!
4. Wer isst Fisch? Isst du / esst ihr / essen Sie Fisch? Sie essen keinen Fisch. Essen Sie Fisch!
5. Ich werde müde. Sie wird nicht müde. Werden Sie nicht müde! Wer wird müde? Wir werden auch müde.
6. Ich habe Hunger. Habt ihr Hunger? Wer hat Hunger? Sie haben Hunger. Sie haben keinen Hunger. Wir haben Hunger.
7. Ihr seid sehr groß. Sie sind nicht sehr groß. Ich bin sehr groß. Ist er nicht groß?

E. 1. Herr Schmidt ist Österreicher. Nein, er ist aus der Schweiz. Ist Frau Bayer Österreicherin? Sie ist auch nicht Österreicherin. Sie sagen, Frau Klein ist Amerikanerin. Joe ist auch Amerikaner.
2. Hier gibt es einen Fluss (ein Restaurant, keine Mensa, keinen See). Hier gibt es Berge (Bäckereien, Seen, keine Geschäfte, keine Cafés).
3. Wem gehört das Geschäft? Was gehört dem Großvater? Sie sagt, es gehört nicht dem Bruder. Es gehört nicht der Tante.
4. Was bringt er der Freundin? Wem bringt er Blumen? Wer bringt Blumen? Warum bringt er Blumen? Bringt er der Freundin keine Blumen? Sie bringen den Kindern ein paar Plätzchen. Bringt sie den Freunden eine Flasche Wein? Er bringt den Nachbarn Äpfel. Ich bringe den Schwesten ein paar Bücher.

F. durch die Stadt (das Kaufhaus, den Supermarkt)
für den Kuchen (den Vater, den Jungen, die Eltern, die Familie)
gegen die Leute (das Restaurant, die Bedienung, den Ober, die Menschen)
ohne das Essen (die Speisekarte, den Pudding, den Herrn, die Geschwister)
um das Geschäft (den Markt, die Mensa, den Tisch)
aus der Flasche (den Gläsern, dem Supermarkt, der Bäckerei, dem Café)
außer dem Bruder (den Eltern, der Schwester, den Leuten, dem Studenten)
bei dem Supermarkt (der Apotheke, dem Nachbarn, der Familie)
mit dem Herrn (der Freundin, dem Löffel, dem Messer, der Gabel)
nach dem Frühstück (dem Mittagessen, der Vorlesung, dem Kaffee)
seit dem Abendessen (dem Frühling, der Zeit)
von dem Ober (der Tante, den Kindern, der Mutter, der Studentin)
zu dem Restaurant (der Mensa, dem Markt, der Apotheke)

G. 1. Heute gibt es keinen Schokoladenpudding. 2. Der Junge hilft dem Vater nicht. 3. Ich sehe den Ober nicht / Ich sehe keinen Ober. 4. Ich habe kein Messer. 5. Wir brauchen heute keine Milch.

6. Wir gehen nicht nach Hause. 7. Wir haben / ich habe keine Rindsrouladen. 8. Er trinkt keinen Kaffee. 9. Sie isst nicht gern Eis. 10. Max ist nicht mein Freund. 11. Ich habe keinen Durst. 12. Heute ist es nicht sehr kalt.

H. 1. von der, zur, zum 2. zum 3. für die 4. aus / von 5. nach, für die, für den, für die 6. um, zu 7. zum 8. nach dem 9. um, mit den, zur 10. bei den, mit 11. nach dem, durch die, nach 12. ohne die 13. nach dem, seit 14. um

I. 1d. 2a, 3a, 4b, 5c, 6b, 7c, 8a, 9c, l0b, 11d, 12b, 13a, 14d, 15d, 16d, 17b, l8b, 19d, 20d

J. 1. Herr und Frau Schmidt kommen zum Abendessen. 2. Axel und ich helfen zu Hause. 3. Er trägt die Teller und ich trage die Messer und Gabeln. 4. Was gibt's zum Nachtisch, Pudding oder Eis? 5. Ich babe keinen Pudding und kein Eis. 6. Aber ich möchte (gern) etwas zum Nachtisch! 7. Sie essen nicht gern Nachtisch. 8. Ach du liebes bisschen, sie sind schon hier!

Kapitel 4–7

A. 1. der Eingang 2. die Nacht 3. fragen 4. laufen / zu Fuß gehen 5. Pech haben 6. vermieten 7. aufmachen 8. jung / neu 9. unbequem 10. wunderbar / prima / toll 11. geschlossen / zu 12. dunkel 13. da / dort 14. nie 15. schwer 16. rechts 17. laut 18. schmutzig 19. oben 20. nah

B. 1. der Ausweis, -e 2. die Bank, -en 3. die Bibliothek, -en 4. das Fest, -e 5. der Garten, ¨ 6. der Gast, ¨e 7. der Gasthof, ¨e 8. das Haus, ¨er 9. das Lied, -er 10. der Koffer, - 11. die Nacht, ¨e 12. das Radio, -s 13. die Reise, -n 14. der Sessel, - 15. die Tasche, -n 16. der Weg, -e

C. l. bhop, 2. hnu, 3. f, 4. ab, 5. tgdr, 6. js, 7. ib, 8. em, 9. qt, l0. lm

D. 1. wissen 2. kennst 3. kennt 4. kenne, weiß 5. weißt

E. 1. Tun Sie / tut / tu . . . ! 2. Stellen Sie / stellt / stell . . . ! 3. Gehen Sie / geht / geh . . . ! 4. Sprechen Sie / sprecht / sprich . . . ! 5. Lassen Sie / lasst / lass . . . ! 6. Nehmen Sie / nehmt / nimm . . . mit! 7. Essen Sie / esst / iss . . . ! 8. Bleiben Sie / bleibt / bleib . . . ! 9. Fahren Sie / fahrt / fahr . . . !

F. 1. Wohin seid ihr gegangen?—Wir sind zum Museum gefahren.
2. Was hast du heute gemacht?—Ich habe meinen Koffer gepackt.
3. Wie habt ihr seinen Geburstag gefeiert?—Wir haben ihn mit einer Party überrascht.
4. Wie hat Ihnen die Landshuter Fürstenhochzeit gefallen?—Sie hat mir viel Spaß gemacht.
5. Haben Sie die Wohnung vermietet?—Ja, eine Studentin hat sie genommen.
6. Hast du gewusst, wo der Scheck gewesen ist?—Ja, er hat auf dem Schreibtisch gelegen.
7. Wie lange hat die Party gedauert?—Sie ist um 12.00 Uhr vorbei gewesen.
8. Wo sind Paula und Robert gewesen?—Sie haben eingekauft.

G. 1. Dürfen wir das Geschenk aufmachen? Wir wollen es aufmachen. Ich kann es nicht aufmachen. Er muss es aufmachen. Warum soll ich es nicht aufmachen? Möchtest du / möchtet ihr / möchten Sie es aufmachen?
2. Ich bin gestern angekommen. Sie kommt heute an. Wann kommen sie an? Wann ist er angekommen? Kommt er auch an? Ich weiß, dass sie morgen nicht ankommen. Sie sollen übermorgen ankommen. Ist sie schon angekommen?
3. Er fragt Sie. Sie fragt ihn. Fragen sie uns? Ja, sie fragen dich. Wir fragen euch. Fragt sie nicht! Hast du sie gefragt? Haben sie dich nicht gefragt? Habt ihr mich gefragt?
4. Ihm gefällt unser Museum. Gefällt Ihnen dieses Museum? Ihnen gefällt ihr Museum nicht. Welches Museum gefällt dir? Mir gefällt so ein Museum. / So ein Museum gefällt mir. Warum gefallen euch keine Museen? Mir haben solche Museen nie gefallen. Ihm gefällt jedes Museum.
5. Es tut ihr Leid. Es tut ihm nicht Leid. Tut es dir / euch / Ihnen Leid? Es hat mir Leid getan. Es hat ihnen Leid getan.

H. 1. vor dem / das Haus; in dem (im) / in das (ins) Gästezimmer; neben dem / das Sofa; hinter dem / den Sessel; unter dem (unterm) / unter den Tisch; zwischen dem / den Stuhl und dem / das Bett
2. neben die / der Gabel; auf den / dem Teller; in die / der Küche; in das (ins) / in dem (im) Esszimmer; zwischen die / der Butter und den / dem Käse

I. 1. Ich lerne Deutsch, weil meine Großeltern aus Deutschland sind.

2. Sie möchte wissen, ob du schon einman in Deutschland gewesen bist.

3. Ich sage ihr, dass ich im Sommer dort gewesen bin.

4. Ich möchte gern wieder einmal nach Deutschland, aber so eine Reise ist nicht billig.

5. Braucht man Hotelreservierungen, wenn man nach Deutschland fährt?

6. Obwohl man keine Reservierung braucht, hat es manchmal lange gedauert, bis ich ein Zimmer gefunden habe.

7. Einmal habe ich bei einer Kusine übernachtet und eine Nacht habe ich im Zug geschlafen.

8. Man muss alles gut planen, wenn man nach Deutschland fahren möchte.

J. 1. aber 2. aber 3. sondern 4. aber 5. sondern

K. 1. am, mit dem, aufs 2. in einem, auf einem, in den 3. durch den, an einen 4. unter einen, in dem (im) 5. aus dem 6. zwischen den, unter dem, auf der, hinter dem, in der 7. in die, auf die, zwischen die, unter den 8. mit der, zu dem (zum), in das (ins) 9. mit den 10. aus den, aus der, aus dem, aus der

L. 1c, 2b, 3c, 4c, 5b, 6b, 7b, 8a, 9a, 10b, 11a, 12a, 13a, 14c, 15c, 16b, 17b, 18b, 19a, 20a, 21b, 22d, 23b, 24b, 25d

M. 1. Wie gefallen euch eu(e)re Zimmer? 2. Mir gefällt mein Zimmer. / Mein Zimmer gefällt mir. 3. Man kann nicht nur die Stadt sehen, sondern auch den See. 4. Wisst ihr, dass mein Zimmer sogar einen Fernseher hat? 5. Welches Zimmer hast du? 6. Sieh da drüben, das Zimmer neben dem Eingang. 7. Was machen / tun wir jetzt? 8. Nichts. Ich muss mit eu(e)rem Vater sprechen. 9. Und ihr müsst ins Bett (gehen), weil wir morgen früh aufstehen müssen / denn morgen müssen wir früh aufstehen. 10. Wir sitzen nur im Auto und dürfen nichts machen / tun. 11. Wohin wollt ihr (gehen)? 12. Ich weiß / kenne ein Hotel am See, wo man tanzen kann. 13. Wann kommt ihr zurück? 14. Wann sollen wir zurückkommen? 15. Wo sind die Autoschlüssel? 16. Gib sie mir! 17. Hast du meine Schlüssel gesehen? 18. Wer hat sie zuletzt gehabt? 19. Ich habe sie nicht genommen. 20. Wo bist du zuletzt gewesen? — Ich weiß nicht.

Kapitel 8–11

A. 1. a. die Fahrt b. der Flug c. der Maler / das Gemälde d. das Geschenk e. die Sprache f. der Verkäufer g. der Freund h. die Woche i. der Sport j. die Liebe

2. a. mit dem Wagen b. in einer halben Stunde c. anfangen d. zu Fuß gehen e. anrufen f. herrlich / fantastisch / toll

3. a. aussteigen b. verlieren c. lachen d. sich ausziehen e. sich freuen f. aufstehen g. faul h. krank i. hässlich j. langweilig k. schwer 1. traurig

B. Welches Wort passt nicht?

1. gewinnen 2. hässlich 3. verschieden 4. das Gemälde 5. gewöhnlich

D. 1. Halten Sie sich fit? Sie halten sich nicht fit. Wie hat sie sich fit gehalten? Halte dich / haltet euch / halten Sie sich fit! Ich möchte mich fit halten. Wir müssen uns fit halten. Wir mussten uns fit halten.

2. Wir erkälten uns wieder. Erkälte dich / erkältet euch / erkälten Sie sich nicht wieder! Sie haben sich wieder erkältet. Sie möchte / will sich nicht wieder erkälten. Wir haben uns wieder erkältet. Warum erkältest du dich immer? Sie haben sich immer erkältet.

E. 1. Du musst dich anziehen. 2. (Zu)erst möchte / will ich mich duschen und mir die Haare waschen. 3. Und du musst dich rasieren. 4. Warum beeilt ihr euch nicht? 5. Hört euch das an! 6. Er hat sich geärgert und sich hingesetzt.

G. 1. ein Geschenk zu kaufen 2. ihm zu schreiben 3. ein Buch anzufangen 4. alle einzuladen 5. früh aufzustehen 6. immer aufzupassen 7. sich fit zu halten 8. eine Sprache zu lernen

H. 1. Wohin seid ihr gegangen? — Wir haben Onkel Erich besucht.

2. Was hast du heute gemacht? — Ich bin schwimmen gegangen.

3. Wie hat Ihnen das Stück gefallen? — Es ist wirklich ausgezeichnet gewesen.

4. Warum hat sie sich so beeilt? — Die Vorstellung hat um acht angefangen.

5. Hast du gewusst, dass er ein sehr guter Schwimmer (gewesen) ist? — Nein, er hat nicht viel von sich gesprochen.

I. 1. Wir hatten damals nicht daran gedacht. 2. Daniela und Yvonne waren zum Schwimmbad gegangen. 3. Wir hatten uns warm angezogen. 4. Er hatte mir das schon zweimal versprochen. 5. Das Auto war plötzlich stehen geblieben. 6. Das war nicht so lustig gewesen. 7. Aber das hatte er verdient.

J. 1. -en, -en, -en, -e 2.-es, -er 3. -en, -en 4. -e, -er 5. -e, -e 6. -en, -en, — 7.-e, -en, -en, -en 8. —, -en, —, -e, -e, -e 9. -e, -e 10. -en, -e 11.-e, -en, -er, -es, -es, -en, -e 12. -e, -es, -es, -en 13. -en, -en, -en, -en, — 14. -er, —, -er

K. 1. gingen . . . aus 2. versuchten, waren 3. wollten, konnten 4. kamen, gab 5. war 6. lief 7. gefiel, war 8. lachte, hören konnte 9. kamen, sahen 10. aßen, tranken 11. bummelten

L. 1. als 2. wann 3. wenn 4. als 5. wenn 6. wann

M. 1. das Ende des Wortes 2. die Farbe uns(e)res Autos 3. der Sohn meines Onkels 4. der Eingang eu(e)res Hauses 5. der Name des Komponisten 6. der Wunsch aller Kinder 7. die Taschen mancher Frauen 8. Beethovens Musik 9. Bertolt Brechts Stück 10. die Geschichten des Herrn Keuner

N. 1. worauf / darauf; worin / darin; woran / daran; wozu / dazu; wofür / dafür; wodurch / dadurch; worüber / darüber; wovor / davor; wobei / dabei; wozwischen / dazwischen

2. a. woran, an meine b. wovon, von einem c. wovon, von meinen d. worauf, auf einen, darauf e. von ihren, davon f. an deine, an sie g. über den, worüber h. für, dafür i. für, für sie

O. 1. übermorgen; nach dem Abendessen; sonntags; morgen früh; um halb fünf / um 4.30 Uhr; in 15 Minuten / in einer Viertelstunde; Montagmorgen; am Dienstag; im Februar; am Wochenende; am Abend; im Herbst; meistens; manchmal; jedes Jahr; jetzt; nie; eines Tages

2. von März bis Mai; bis Mittwoch; bis Freitagnachmittag; bis Viertel vor elf / 10.45 Uhr; monatelang; einen Tag

P. 1. Ihre Eltern lebten jahrelang in der Nähe von Riesa.
2. Renate hat mit anderen Mädchen in einem Schülerheim in Dresden gewohnt.
3. Am Wochenende konnte sie nicht einfach nach Hause fahren.
4. Sie hatte keine Zeit, stundenlang mit der Bahn zu fahren.
5. Dafür ist sie während der Ferien gewöhnlich zu Hause geblieben.
6. Ihre Schule soll nicht leicht gewesen sein.
7. Sie musste jeden Tag schwer arbeiten.
8. Manchmal hat sie (stundenlang) mit ihrer Freundin (stundenlang) Klavier gespielt.
9. Renate hatte sich schon immer für klassische Musik interessiert.
10. Wir haben uns eines Tages bei einem Musikwettbewerb in Weimar kennen gelernt.

Q. 1. -en, -en 2. -en, -e, -en, -en, -en 3.-en, -e, -en, -en 4. -es, -er 5. -en, -en, -e, -en 6. -e 7. -er, -e

R. 1b, 2c, 3d, 4d, 5c, 6a, 7d, 8b, 9b, l0a, 11a, 12a, 13b, 14b, l5c, 16b, 17d, 18a, 19b, 20b, 21d, 22c, 23c, 24c, 25b, 26b, 27b, 28a/c, 29a, 30c

S. 1. Kurt, woran denkst du?—An meine Ferien. 2. Ich möchte mit Karl in den Bergen wandern. 3. Ich habe ihm / an ihn geschrieben und jetzt warte ich auf seinen Brief. 4. Darauf kannst du lange warten. 5. Wenn er ja sagt, bedeutet das / es nicht viel. 6. Vor zwei Jahren ist es genauso gewesen. 7. Als du die Karten gekauft hattest, wurde er plötzlich krank. 8. Er hatte sich wieder erkältet. 9. Wenn du möchtest, komme ich mit. 10. Hast du Lust, in den Bergen zu wandern?—Gern. 11. Wann können wir fahren?—Am ersten Tag der Ferien / Ferientag. 12. Wie fahren wir?—Mit dem Zug. 13. Wo übernachten wir?—In billigen Jugendherbergen. 14. Kannst du die Kamera deines Vaters / von deinem Vater mitbringen? 15. Nein, seine Kamera ist zu teuer; sie kann kaputt gehen. 16. Vielleicht nehme ich Susis Kamera. Ihre Kamera ist auch gut.

Kapitel 12–15

A. 1. das Haushaltsgeld; *housekeeping money* 2. das Chemielabor; *chemistry lab* 3. die Zwischenprüfungsnote; *grade for the intermediate qualifying exam* 4. die Rechtsanwaltfirma; *law firm* 5. die Liebesgeschichte; *love story* 6. die Berglandschaft; *mountain scenery* 7. der Hals-

Nasan-Ohren-Arzt; *ear, nose, and throat specialist* 8. das Berufsentscheidungsproblem; *problem in deciding on a profession* 9. die Lebenserfahrung; *life experience* 10. das Wintersemestervorlesungsverzeichnis; *winter semester course catalog*

B. 1. a. denken b. planen c. träumen d. verkaufen e. versuchen f. wünschen g. bauen h. erklären
2. a. reich b. dünn c. fleißig d. wunderbar e. hübsch / schön f. dunkel g. interessant h. öffentlich i. sauber j. leicht k. (auf)bauen l. anfangen m. wegwerfen n. finden o. erlauben p. erinnern an q. der Frieden r. das Hauptfach s. die Unsicherheit t. die Erhaltung / der (Wieder)aufbau

C. 1. a. berühmt, berühmter, am berühmtesten b. dumm, dümmer, am dümmsten c. faul, fauler, am faulsten d. gern, lieber, am liebsten e. groß, größer, am größten f. gut, besser, am besten g. heiß, heißer, am heißesten h. hoch, höher, am höchsten i. nah, näher, am nächsten j. hübsch, hübscher, am hübschesten k. kalt, kälter, am kältesten l. kurz, kürzer, am kürzesten m. nett, netter, am nettesten n. sauber, sauberer, am saubersten o. stolz, stolzer, am stolzesten p. schwierig, schwieriger, am schwierigsten q. viel, mehr, am meisten r. warm, wärmer, am wärmsten
2. a. einer schöneren b. schöner als c. interessantere d. die anstrengendste e. das höchste f. die meisten und (die) besten g. netteren h. die größte i. je länger, desto besser j. genauso viel wie k. weniger als

D. 1. der Freund, a. der gerade hier war; b. den du kennen gelernt hast; c. dem das Büchergeschäft in der Goethestraße gehört; d. dessen Firma in Stuttgart ist
2. die Ärztin, a. deren Sekretärin uns angerufen hat; b. die hier neu ist; c. durch die wir von dem Programm gehört haben; d. mit der ich gesprochen habe
3. das Gebäude, a. das ihr bald sehen werdet; b. an dem du vorbeigefahren bist; c. das auf der Insel steht; d. von dem man einen wunderschönen Blick hat
4. die Leute, a. die wie Amerikaner aussehen; b. deren Bus dort steht; c. denen die Landschaft so gut gefällt; d. für die du dich interessiert hast; e. mit denen du geredet hast

E. 1. Ich werde an einer Gruppenreise teilnehmen. 2. Das wird billiger sein. 3. Du wirst ihnen das Geld bald schicken müssen. 4. Meine Tante wird versuchen, uns in Basel zu sehen. 5. Wie wird sie uns finden? 6. Das wirst du ihr erklären müssen.

F. 1. a. Ich würde mich besser fühlen, wenn die Arbeit fertig wäre.
b. Das wäre wunderschön.
c. Ihr könntet uns dann besuchen.
d. Ich wünschte, Rolf hätte mehr Zeit.
e. Wenn ich mich nur daran gewöhnen könnte!
f. Könntest du mir das erklären?
g. Ich wünschte, er redete nicht so viel am Telefon (würde . . . reden).
h. Was tätest du / würdest du tun?
2. a. Wir hätten nicht in die Berge fahren sollen.
b. Ich wünschte, wie wäre zu Hause geblieben.
c. Das wäre einfacher gewesen.
d. Wenn wir nur nicht so viel gewandert wären!
e. Wenn du bessere Schuhe mitgenommen hättest, hätten dir die Füße nicht wehgetan.
f. Du hättest mich daran erinnern sollen.
g. Ich hätte es schöner gefunden, wenn ich zu Hause geblieben wäre.

G. Ich studiere hier. Ich würde dort studieren. Möchtest du dort / Würdest du dort gern studieren? Ich wünschte, ich könnte dort studieren. Sie hätte dort studieren können. Wenn ich dort studiere, wird mein Deutsch besser (werden). Wenn ich dort studierte / studieren würde, könnte ich euch besuchen. Ich hätte dort studieren sollen.

H. 1. David schrieb, er hätte eine nette Wohnung. Sein Zimmerkollege wäre aus New York. Er lernte (würde . . . lernen) viel von ihm. Er spräche (würde . . . sprechen) nur Englisch. Manchmal ginge (würde . . . gehen) er auch zu Partys. Er würde viele nette Studenten kennen lernen. Die meisten wohnten (würden . . . wohnen) im Studentenheim. Das wäre ihm zu teuer. Die Kurse und Professoren wären ausgezeichnet. Er müsste viel lesen und es gäbe (würde . . . geben) viele Prüfungen, aber eigentlich hätte er keine Probleme.

2. David schrieb, er hätte eine nette Wohnung gehabt. Sein Zimmerkollege wäre aus New York gewesen. Er hätte viel von ihm gelernt. Er hätte nur Englisch gesprochen. Manchmal wäre er auch zu Partys gegangen. Er hätte viele nette Studenten kennen gelernt. Die meisten hätten im Studentenheim gewohnt. Das wäre ihm zu teuet gewesen. Die Kurse und Professoren wären ausgezeichnet gewesen. Er hätte viel lesen müssen und es hätte viele Prüfungen gegeben, aber eigentlich hätte er keine Probleme gehabt.

I. 1. Diese Universität wird von vielen Studenten besucht.
2. Dieses Jahr werden die Studentenheime renoviert.
3. Ein neues Theater wird gebaut.
4. In dem alten Theater sind viele schöne Theaterstücke gespielt worden.
5. Am Wochenende sind dort auch Filme gezeigt worden.
6. In der Mensa wutde dann darüber gesprochen.
7. Am 1. Mai wird das Theater eröffnet werden.
8. Dieser Tag muss gefeiert werden.

J. 1. Jetzt bin ich mit meinem ersten Jahr Deutsch fertig geworden. 2. Ich habe wirklich viel gelernt. 3. Ich hätte nie gedacht, dass es so viel Spaß machen könnte. 4. Nicht alles war leicht (ist . . . gewesen). 5. Ich musste viele Wörter lernen. 6. Viele Fragen mussten beantwortet werden. 7. Bald haben wir uns(e)re letzte Prüfung. 8. Weil ich mich immer gut vorbereitet habe, muss ich jetzt nicht so schwer arbeiten. 9. Nach der Prüfung wird gefeiert. 10. Ich bin von einigen Freunden zu einer Party eingeladen worden. 11. Wenn ich (das) Geld hätte, würde ich jetzt nach Europa fliegen. 12. Dann könnte ich viele der Städte sehen, worüber wir gelesen haben, und ich könnte mein Deutsch benutzen.

K. 1d, 2c, 3a, 4a, 5d, 6c, 7c, 8d, 9c, 10a, 11b, 12b, 13c, 14c, 15a, 16a, 17c, 18c, 19b, 20d, 21d, 22c, 23a, 24b, 25c, 26b